女性のためのライフプランニング

田和 真希

【第2版】

大学教育出版

はじめに

　第2次世界大戦後、女性の生き方は大きく変化してきた。専業主婦がもてはやされた時代、キャリアウーマンがもてはやされた時代、そして仕事と家庭を両立することがもてはやされる時代。今でこそ、結婚のようなプライベートなことには他人は干渉しない時代になったが、女性が「クリスマスケーキ」に例えられ25歳までの結婚が奨励された時代、あるいは「年越しそば」に例えられ31歳までの結婚が奨励された時代もあった。働き方も「主婦になったら仕事はやめる」時代から「家庭も仕事も子どもも」の時代になりつつある。
　昔は「人の目にどう映るか？」を意識することが要求され、みんなと同じライフコースを歩むことが美徳とされた。しかし現在は、「結婚しない」「子どもをもたない」ことを選択することに対する社会的な圧力は減少しつつある。同時に働く女性をとりまく社会も変化をとげ、働く女性を支援する制度や法律も整ってきた。女性は「自由に選ぶ」権利を得て人生の自由を手にいれたのだ。結婚してもしなくても、子どもをもってももたなくても、仕事も働き方も選択できる。さて、これで女性は幸せになったのだろうか？
　ところが、幸せになったようには思えないのである。人間、自由を与えられると幸福度は増すと思われがちだが、自分のとらなかった選択に未練や執着を感じてしまう人が多くいる。あるいは、友人が作ったライフプランが良さそうに見えて真似をしてみたら、いつの間にか自分にはあてはまらなくなっていたり、想定外のことが起こってライフプランニングを最初からやり直さないといけなくなったりする事態も起こりうる。「仕事、家庭、子どもを自由に選択できる時代」は、かえって「今のライフプランに満足しづらい時代」でもあるのだ。
　さらに世の中は情報時代、インターネット上やマスコミによって、いつも自分より素晴らしい人生を送っている人が紹介される。おまけに、それには脚色が加えられ、素晴らしい絶賛の言葉が添えられている。そうなると、どうしても比べてしまうのが人間だ。羨ましく思ったり、「自分の努力が足りない」と感じたり、「過去の選択が間違っていた」と後悔をする人が多く出てくる。それが、昨今の

うつ病の増加につながっているのではないかと思われる。

　一方で子育て後の人生の長さも昔とは違ってきている。1955年の女性の平均寿命は67歳であったのが2010年には86歳になっている。現代では一夫婦のもつ子どもの平均数も減り2人弱であるから、子育てが一段落してから平均寿命まで約40年の時間がある計算になる。現代の女性は、子育て終了後の長い人生のためにも、母親以外の「私」個人の生きがいや目標を見つける必要性があるのである。大学生で、そんな遠い未来のことは考えられない？　でも未来は今をどう生きるかで変わってくるのである。

　まず、ライフプランニングをする上で、「かっこいいから」とか「人がしているから」という主体性のない選択はしてほしくない。自己分析により自分が本当にやりたいことを見つめ直して、独自のライフプランを作ってほしいのである。なぜなら「自分が選んだ」という事実は、自信をもってすすむ人生を約束してくれるからである。

　また、どんな人生の選択をしても、必ず長所と短所がつきまとうものである。考え、悩み、ひとたび選択をしたならその両方を引き受ける覚悟が必要だ。しかし、人生の選択をする時、情報不足が原因の後悔はしてほしくない。情報社会の今、情報を味方につけて選択をしてほしいのである。まずは理想の人生を思い描き、それに近づくように行動する。その時、情報は味方となってくれるであろう。

　大学の授業においては、自己分析を行い、女性が遭遇する人生のターニングポイントである就職、日本の雇用環境、結婚、子育て、再就職、そしてマネープラン等について考察する。それらの情報をもった上で理想の人生を考えてもらう。どんな選択をするかは皆さんの自由である。今思い描く「理想の人生」と「実際の人生」は違ってくるかもしれない。しかし、「考える」ことを始めることが大切なのである。人生の岐路でライフプランニングの軌道修正が必要な時も、培った知識、情報収集力と選択力は役に立つはずである。自分に合ったベストな選択を積み重ねて、悔いのない人生をおくってほしい。

2012年2月

田和真希

女性のためのライフプランニング　第2版

目　次

はじめに ……………………………………………………………… i

第1章 ライフプランニングとは何か ……………………………… 1
1. どう生きたい？　*1*
2. 理想の人生って？　*3*
   （1） 「子育てが終わって再就職」が理想？　*3*
   （2） 1950〜1960年代生まれの母親の世代　*4*
   （3） 専業主婦願望が高い20〜30代の女性　*8*
   （4） マズローの欲求階層説　*9*
   （5） バランスのとれた人生って？　*11*

第2章 働 く ……………………………………………………… 13
1. 企業がおかれている状況　*13*
   （1） 求められる企業のグローバル化　*13*
   （2） 女性活用を妨げる要因　*21*
   （3） 解決策　*23*
   （4） 就職活動から始まるライフプラン　*26*
2. さまざまな雇用形態　*29*
   （1） 総合職と一般職　*29*
   （2） 正規労働と非正規労働　*33*
   （3） 就業形態による処遇の差　*36*
3. 女性に非正社員が多い理由　*42*
   （1） 企業側の要因　*42*
   （2） 労働者側の要因　*44*
4. 働き方でかわる生涯賃金　*48*
   （1） 生涯賃金格差　*48*

第3章 結 婚 ……………………………………………………… 55
1. 晩婚化　*55*
2. 未婚化　*55*

  （1）未婚率の増加　*55*

  （2）未婚化の原因　*58*

 3.　結婚に何を求めるか？　*60*

  （1）家族、子どもは大切　*60*

  （2）男性は容姿、女性は経済力を重視　*63*

  （3）子育て世代で強い保守的な価値観　*65*

 4.　新専業主婦志向　*66*

 5.　「夫婦合算年収カップル」で細く長く幸せに　*69*

 6.　結婚相手に求める条件の変化—三高から3C、さらに三同へ—　*71*

 7.　離婚　*72*

  （1）上昇する離婚率　*72*

  （2）離婚の原因　*74*

 8.　新しい結婚—フランスのパックス婚—　*76*

第4章　子ども　………………………………………………………… *80*

 1.　出産　*80*

  （1）出産は女性の人生の大イベント　*80*

  （2）出生率の検証　*81*

  （3）子どもをもつことの意味　*83*

  （4）子どもをもつ負担　*86*

  （5）子どもをもつことによって変わる人生　*93*

 2.　妊活　*95*

 3.　不妊　*99*

  （1）不妊の状況　*99*

  （2）不妊治療　*99*

 4.　子どもをもって働く環境　*102*

  （1）出産休業　*102*

  （2）育児休業　*104*

  （3）育児休業制度と男性　*104*

  （4）企業の取り組み　*106*

（5）働くものとしてするべきこと　*106*

　　　（6）保育施設　*108*

　　　（7）ワークライフバランス　*110*

　5. 子育て事情　*111*

　　　（1）3歳児神話　*111*

　　　（2）子どもを愛せない母親　*114*

第5章　マネープランニング　……………………………………………… *120*

　1. マネープランニングの必要性　*120*

　2. 人生の各ステージにかかる費用　*121*

　　　（1）婚約・結婚・新婚旅行　*121*

　　　（2）出産　*121*

　　　（3）子育て　*122*

　　　（4）家　*123*

　　　（5）車　*124*

　　　（6）老後　*124*

　　　（7）介護　*125*

　3. お金を貯める　*125*

　　　（1）金利　*125*

　　　（2）2種類の貯金　*127*

　4. お金を増やす　*127*

　　　（1）金融商品の種類　*127*

　　　（2）リスクを小さく抑える　*129*

　5. お金を借りる—ローン—　*130*

　6. お金のトラブル　*135*

　　　（1）カード時代　*135*

　　　（2）お金のトラブルを回避するために　*136*

　7. 税金と社会保険　*140*

　　　（1）給与明細を見てみよう　*140*

　　　（2）税金　*141*

（3）社会保険　*141*
8. 民間保険　*144*
　　　（1）民間保険の誕生　*144*
　　　（2）民間保険の種類　*144*
9. ライフプランニングとお金　*145*
　　　（1）将来どんな自分になりたいか？　*145*
　　　（2）ライフイベント・キャッシュフロー表　*145*
　　　（3）まずはキャリアアップ、そしてお金を貯めよう　*147*

第6章　まとめ……………………………………………………… *149*
　　　（1）企業は終身雇用・年功序列から実力主義へ　*150*
　　　（2）女性労働力に対する期待　*150*
　　　（3）少子高齢化・母親役割の縮小　*151*
　　　（4）未婚率・離婚率の上昇　*151*

索　引……………………………………………………………………… *154*

第1章

ライフプランニングとは何か

1. どう生きたい？

　あなたは10年後どんな女性になっていたいと考えたことがあるだろうか？　今は大学生活を楽しむことに夢中で考えたことがない？　あるいは、就職活動で精いっぱいで考えたことがない？　でも考えないと、目先のことばかりにとらわれて、気がつけば30歳？　40歳？　になってしまって…「私の人生こんなはずじゃなかった」って後悔するかもしれない。「計画なしの人生」それは、あたかもお金も持たず、行き先も決めず、地図も持たず、1人で旅行にいくようなものだ。

　もしも、理想の人生を思い描き、それに近づけるように努力をして毎日をすごしていたら、障害も乗り越え、満足のいく人生がおくれるのではないか。理想を決めてこそ、飛躍もあるのだ。それは、旅行に出るには経験者の声を聞き、あらかじめ計画をして、お金、地図、ガイドブックをもって行く方が満足のいく旅行ができるのと同じである。

　まず、1つ作業をしていただきたい。白紙の紙を用意して、「理想の人生」を年表形式に具体的に書き出していくのである。図表1-1に例をあげるが、過去のことは省いて未来のことを書いていく。どんな働き方をして、どんな相手と結婚して、子どもは何人産んで、どこに誰と住んで、何歳で死ぬか…実現不可能かもしれないから書けないという人もいるであろう。でも自分に実現させたい気持ちがあるのなら書く。具体的に、何歳くらいでかなえたいのかも記入する。

　私の授業の1回目ではこの作業を学生にしてもらう。すらすら書ける人はあまりいない。「理想の人生」なんて今まで考えたことがない人が多いからだ。し

図表1-1　私の理想のライフプラン（文学部心理福祉学科3年）

22歳	大学院進学。臨床心理士資格取得のため専門知識を深め、実習経験をする。
24歳	臨床心理士の免許をとるための受験資格取得。
25歳	臨床心理士の資格を取る。 山口県に帰って学校のカウンセラーを週2日、他の日は病院の診療内科で働く。
27歳	7年付き合った歯科医と結婚。彼の出身地新潟県に住む。
28歳	双子の男の子を出産。1年間は育児に専念。
29歳	子どもを預けて仕事と家事を両立。
31歳	女の子を出産。
32歳	3人の子育てをしながら仕事に完全復帰する。
36歳	自分の年収300万円、夫の年収は1,000万円になっている。 1年に1回は家族旅行をする。 男の子2人がサッカーの小学校のクラブチームに入る。
46歳	男の子2人が高校のサッカーの全国大会に出場。家族で応援。
47歳	男の子2人が大学進学で家を離れる。
50歳	女の子が大学進学のため家を離れる。 夫と新婚に戻ったような生活をおくる。
53歳	子どもが次々と結婚し孫ができる。
60歳	夫婦で仕事を辞めて、大学時代の友人とカフェを開くため京都に移り住む。 カフェにカウンセリングルームを作る。「相談できるカフェ」として有名になる。 夫と、海外移住を考えて英語とフィンランド語を勉強する。
70歳	カフェの仕事を辞めて、アメリカの田舎かフィンランドのヘルシンキに住む。 年に一度は子どもや孫に会いに日本に帰ってくる。
90歳	日本に戻ってくる。子どもたちが「卒寿」をお祝いしてくれる。
100歳	夫が老衰で亡くなり、後を追うように私も家族に見守られながら眠りにつく。

（学生のアンケートをもとに作成）

かし、この「年表形式に書きだす」という作業はとても大切なのだ。なぜなら、この作業を通して自分の夢について考え、はっきりとしたライフプランをもつことにつながるからである。例えば、カフェを経営することが夢ならば、憧れのカフェでバイトをしたり、調理師の免許をとったり、経営に必要な簿記を習ったり、インテリアの研究をしたり、と今のうちに準備しておくべきことがイメージできる。もしも、夢や目標がないという人は、この作業によってそれを自覚することができ、考えるきっかけになる。

　大学生で、マネープランに至るまで書ける人は少ないであろう。まずは現状の知識が許す範囲で書き、知識が増えるごとに徐々に足していけばいいのである。

将来、今考えたライフプランは変わるかもしれない。いや、変わるであろう。今から、人生のすべてを決められないからである。ただ、悔いのないライフプランニングは、各状況に対して行う「ベストな選択」の積み重ねである。自分がどうしたいかを考え、諸条件を判断し、あらゆる選択肢を考え、それぞれをシミュレーションしてベストだと思う選択をする。その練習を早い時期から繰り返しておくことが大切なのである。ライフプランを考えて備えている人は、「問題処理能力」「機敏性」を持ち合わせている人なのである。

2．理想の人生って？

（1）「子育てが終わって再就職」が理想？

　私は女子大生対象に1回目の授業でアンケートを行っている。理想のライフコースを選んでもらい、理想の人生を送っている人は誰かを聞くのである。理想のライフコースの選択肢は、①専業主婦、②出産退職して子育て後再就職、③子どもをもって仕事と家庭の両立、④子どもをもたないで仕事と家庭の両立、⑤結婚しないで働き続ける、の5つである。大学で「女性のライフプランニング」を教えて約10年になるが、いつも女子大生に一番人気なのが②である。若干③の割合は増えつつあるが②の人気は依然として高い。子育て後の再就職が正社員なのか非正社員なのかは明確ではないが、このライフコースは現在の女子大生の母親世代が実際たどっているものなのではないだろうか？

　一方、「理想の人生を送っている女性は誰？」の問いに、「お母さん」を挙げる学生が一番多い。理由は「家族を愛し毎日楽しそうだから」である。彼女たちの母親が仕事をもっているかどうかは不明である。最初はこういう質問に自分の家族を挙げることに驚いたが、近年は就職の面接で「尊敬する人」を聞かれて「両親」と答える学生が多いというから、「家族大好き」なのが現在の若者の特徴なのであろう。しかし、彼女たちが「母親」を選ぶ大きな理由は、今まで真剣に「理想の人生」を考えたことがないからなのではないかと私は考えるようになった。「理想の人生」を考えたことがないと、「人生のお手本となる女性」も思い当たらず、自分の母親くらいしか思い浮かばないのではないか？

では、彼女たちの母親世代の歩んできたライフコースはどんなものなのか？本当に、今の女子大生は母親世代のライフコースで幸せになれるのであろうか？彼女たちの母親の平均的なライフコースを見てみよう。

(2) 1950～1960年代生まれの母親の世代

今の女子大生の母親は1950年代から1960年代生まれが多い。この世代の女性の多くは、1986年施行の男女雇用機会均等法の恩恵を受けなかったと言えるであろう。法律ができたのはいいけれど社会や人々の意識がついてきていなかった時代だったのである。まだまだ、「子どもは母親が育てるべき」という風潮が強く、結婚退職や出産退職が一般的な時代であった。一言でいえば「タテマエだけは男女平等」な時代であった。

私自身、この世代であるが、高校の同級生で結婚後も結婚前と変わらず仕事を続けている女性は、医者、教師、などの専門職がほとんどであり、企業で働きながら結婚、出産後も続けて仕事をしている人はほんの一握りである。多くは、一度は専業主婦になり、子育て後にパートタイム労働や派遣の非正社員に再就職したパターンである。この再就職については、特に「35歳の壁」が明言化されていた時代でもあり、多くは正社員に復職することは困難であった。しかし、「本人が正社員として働くことを望んでいない」という意識があったのも事実である。その背景には、働く女性に対する意識が低く妻がフルタイムで働いて家庭にしわよせがいくことを嫌う夫の存在があった。

その夫達が働きだした1980年代はまだ日本の従来の雇用条件である終身雇用、年功序列が存続していた時代であった。しかも、「サラリーマンの妻である専業主婦（夫の扶養を超えないパートタイム労働をする人も含む）は保険料を納めなくても国民年金に自動的に加入する制度（第3号被保険者）」（詳しくは第五章マネープランで述べる）があり、専業主婦でいる方が得という考えもあった。妻は家事や子育てをしながら、夫の扶養を超えない範囲でパートタイム労働により家計を助ける程度の収入を得ることが一般的であったのだ。まだまだ、この世代は、「サラリーマン＋専業主婦＋子ども2人」という従来のモデル家族の在り方に影響を受け、「女性が自己実現のために働く」「主婦が働くことに夫の理解がある」という世代ではなかったのである。

しかし、今の女子大生の一番人気のライフコースが彼女たちの母親世代が女子大生であった「1980年代半ばから変わってない」というのは驚きに値する。どおりで、日本の女性の年齢階級別労働力率のグラフの「M字曲線」は解消されていないわけである。図表1-2は女性の年齢階級別労働力率の国際比較を示している。欧米では、出産・育児で仕事を辞める女性は少なく「馬の背曲線」を描くのに対して、日本と韓国では、出産・育児で仕事を一時的に辞める人が多いことを示している。

図表1-3にあるように、1986年の「男女雇用機会均等法」施行に始まり、最近の2015年「女性活躍推進法」成立に至るまで、女性の雇用環境、出産・育児をサポートする法律は整備されてきた。官民あげて働く女性の支援が整ってきているのになぜ女性は出産・育児で仕事を辞めるのであろうか？ どうして日本は欧米諸国のように馬の背曲線をえがかないのであろうか？

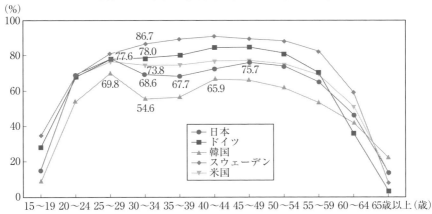

図表1-2　女性の年齢階級別労働力率（国際比較）

備考：1)「労働力」は15歳以上人口に占める労働力人口（就業者＋完全失業者）の割合。
　　　2) 米国の「15～19歳」は16～19歳。
　　　3) 日本は総務省「労働力調査（基本集計）」(2012年)。その他の国はILO "LABORSA"、"ILOSTAT" より作成。
　　　4) 日本は2012年、その他は2010年の数値（ただし、ドイツの65歳以上は2008年）。
出所：内閣府（2013）「平成25年度版　男女共同参画白書」
　　　http://www.gender.go.jp/about_danjo/whitepaper/h25/zentai/html/zuhyo/zuhyo01-02-03.html（最終検索日：2016年2月29日）

図表1-3　女性活用に関連する主な法制度の変遷

時代	男女雇用均等法	育児・介護休業法	次世代育成支援対策推進法
法対応としての女性活用のスタート	1986　男女雇用機会均等法施行 ・募集・採用・配置・昇進の均等の努力義務、教育訓練や福利厚生における男女差別禁止 1997　同法改正 ・募集、採用、配置、昇進の均等の義務化 ・女性のみの募集・優遇も原則禁止 ・妊娠中・出産後の健康管理措置の義務化 ・ポジティブアクション規定の創設 ・セクハラ規定の創設	1992　育児休業法施行 ・1歳までの育児休業が可能に 1995　同法改正 ・育児・介護休業法に再編 1999　同法改正 ・育児・介護期間中の深夜業の制限	
少子化を背景とした両立支援の前進	2007　同法改正 ・性差別禁止の範囲拡大 ・妊娠等による不利益取得の禁止 ・ポジティブアクションの推進 ・セクハラ対抗措置の義務化	2001　同法改正 ・休業による不利益取り扱いの禁止 ・育児・介護期間中の時間外労働の制限 ・勤務時間の短縮等の措置を1歳から3歳へ引き上げ 2005　同法改正 ・一定の範囲の期間雇用者も休業の対象に ・保育園の待機など一定の場合、1歳6ヶ月まで休業期間延長が可能に	2003　次世代育成支援対策推進法（2015年までは時限立法として公布） ・行動計画策定指針の策定等、支援体制の構築 ・地方公共団体による行動計画の策定義務化 ・事業主による行動計画の策定・届出義務化 （300人以下の企業は努力義務） 2007　「子育てサポート企業」の認定制度スタート（くるみんマーク） 2009　同法改正 ・行動計画の公表及び従業員への周知の義務化

両立支援と均等推進の両輪連動の模索	2013　同法施行規則改正 ・間接差別の範囲見直し ・性別による差別事例の追加 ・セクハラの予防・事後対応の徹底 ・コース等別雇用管理についての指針の制定	2009　同法改正 ・苦情処理・紛争解決の援助、企業名の公表に関する規定整備 ・調停に関する規定整備 ・父親も子育てができる働き方の実現 ・子の看護休暇の拡充（2人以上は年10日） （以下は100人以下の企業を除く） ・3歳までの短時間勤務制度の導入義務化 ・3歳までの所定外労働免除 ・介護休暇が可能に 2012　同法の対象拡大 （100人以下の企業にも改正法全て適用）	2011　同法の対象拡大 （101〜300人の企業対象） ・行動計画の届出義務化 ・行動計画の公表及び従業員への周知の義務化 2015　同法の施行期間延長 ・より高いレベルの子育てサポート行う企業の認定制度スタート（プラチナくるみんマーク）

2015年　女性活躍推進法成立（301人以上の企業対象　2016年4月1日までに）
・自社の女性の活躍状況の把握・課題分析
・行動計画の策定・届出・情報公表などを行う
出所：ニッセイ基礎研究所（2014）『女性活用の「第一の時代」〜法対応としての女性活用〜生活基礎研究部』松浦民恵
　　　http://www.advance-news.co.jp/interview/2014/06/post-284.html（最終検索日：2016年2月29日）を参考に筆者作成。

参考 | 35歳の壁

　以前、人員募集や採用に際して女性に対して「35歳の壁」をはじめとする年齢制限が行われていた。しかし、2007年に「改正雇用対策法」が施行されて、それまで努力義務であった人員募集・採用における年齢制限が禁止になった。この改正で、「年齢にかかわりなく、均等な機会を与えなければならない」と明記され、法的義務が生じることになったのである。しかし、年齢制限禁止に違反したからといって罰則が定められているわけではなく、「例外」も認められ、全面的な年齢制限が撤廃されることとはなっていない。

（3） 専業主婦願望が高い20～30代の女性

　しかも、最近「20～30代の女性の専業主婦願望が高まっている」というのである。長引く不景気で今の若者は保守化しており、日本マーケティング研究所が行っている消費者調査では「ドメスティック志向」で、自己実現志向や上昇志向は減少していると報告されている[1]。特に女性の場合、就職活動時に男性と同様に転勤を伴う総合職より転勤のない一般職を選ぶ人は多い。その背景には特に日本の大企業において、女性は少数の総合職しか採用されることはなく、女性の大半は一般職につくという事実がある。しかし、いざ就職してみると雇用条件は厳しさを増すばかりで、一般職の仕事内容は総合職とは違い給料も通常安価に抑えられ、出世体系も違う。自分の采配で会社を動かすなんてことはできそうにない。一方、総合職についた女性もハードな仕事と家庭との両立は難しい。それにひきかえ、「主婦」という居場所をさえ確保できたら、自分の思いどおりに、インテリアをデザインし、自分の好きな雑貨に囲まれ、優しい夫にかわいい子どもがいて、昔のようにうるさい姑なんかとは同居しなくていいし、そんなに贅沢はできなくても、趣味を楽しみながら生活できる…主婦に憧れる気持ちもわからないでもない。

　しかし、多くの女性が厳しい雇用から逃れるために結婚をして専業主婦を希望しているとは言えないであろうか？　もちろん、専業主婦は「夫は死なない」「夫はリストラされない」「離婚しない」という条件がそろう限り楽しい身分である。しかし、何が起こるかわからないのが人生だ。夫がリストラされたり、ドメスティックバイオレンス男だったら、どうするのであろう？　自分の好きなものを買う時、いちいち夫の顔色をうかがうのであろうか？　離婚したいが経済的なことを考えるとできなくて耐えるしかないなんてことになったらどうするのであろうか？

　「大丈夫、再就職するから」と思っている人、日本の企業は確かに中途採用に寛容になっている。しかし、誰でも再就職ができるとは限らない。しかも、ブランクがある主婦の再就職は、パートタイム労働者等の非正社員の割合が高くなる。パートタイム労働は家計の補助にはなるが、自立できる生活費を稼ぐのは大変である。しかし、大学卒業後一度は正社員の座につきながら、結婚、出産の理由で簡単に正社員の立場を明け放してしまう女性が多いのである。もしも、子育

て後の再就職の難しさや正社員の待遇と派遣労働者やパートタイム労働者の待遇の差を知っていたら、簡単に正社員の座を明け放してしまう女性は減るのではないかと私は思っている。もちろん、現状を知った上で、専業主婦を選ぶというなら納得済みであるから後悔もしないであろうが、まずは「働く」女性の環境を知ってライフプランの選択をして欲しい。このことは2章で詳しく述べる。

（4） マズローの欲求階層説

マズローという心理学者が「欲求階層説」を唱えている。図表1-4において、「欲求階層説」が図式化されている。

第1階層　生理的欲求（食欲、性欲、睡眠）
第2階層　安全の欲求（安全な状態を得ようとする欲求）
第3階層　帰属（愛情）の欲求（集団に属したい、誰かに愛されたい欲求）
第4階層　尊重の欲求（自分の価値を認めてもらいたい尊重されたい欲求）
第5階層　自己実現の欲求（自分の能力を発揮し自己の成長を図りたい欲求）

図表1-4　マズローの欲求階層説

ニーズ（欲求）が満たされると、
さらに高次のニーズが高まる

自己実現（Self-actualization）
自分の能力を発揮して創造的活動をしたい

承認欲求（Esteem）
他者から価値ある存在と認められたい

親和欲求（Love/Belonging）
他者と関わりたい、集団に帰属したい

安全欲求（Safety）
生命に関するものを安定的に維持したい

生理的欲求（Physiological）
空腹、睡眠など、生命を維持したい

出所：野村総合研究所（2008）「野村総合研究所用語集　経営用語の基礎知識第3版」http://www.nri.co.jp/opinion/r_report/m_word/maslow.html（最終検索日：2016年2月29日）

人間はある階層の欲求が満たされると、より上の階層の欲求を持つようになり、最終的には第5階層の欲求が満たされて満足をするという説である。今の日本において、ほとんどの女性は第2階層までは満たされている。そして、結婚して子どもを産んだ状態では、第3および第4階層までの欲求は叶えられているといえるであろう。最終の第5階層の欲求は、「自分の能力を認められたい」という欲求である。仕事をもつということは、自分の能力、才能、努力に社会的評価を与えてもらえるということを意味する。その評価は賃金という形で見返りとなって戻ってくる。仕事をもつ女性は第5階層の自己実現の欲求も満たされやすいと理解できる。

　では、専業主婦はどうであろう？　家事はやって当たり前のことで誰も褒めてくれない。主婦の仕事は基本的に他人の欲求・ニーズに応える仕事である。自分の能力・個性を活かすことは難しい。専業主婦の中には、育児によって達成感を得ようとする人がいる。その顕著な例が子どもの受験に邁進する母親である。受験の成功は自分がやってきたことが認められて嬉しいと多くのお受験ママは語っている。

　ここに興味深いデータがある。「子育ての重圧は専業主婦の方が重い」というのだ。ベネッセ次世代育成研究所の幼児の生活アンケート（2010年3月調査、乳幼児を持つ3,522人が回答）によると、子育てに否定的な感情を持つ母親の比率はほとんどの項目で専業主婦が常勤者を上回り、1995年以降5年毎に調査を繰り返しているが、この傾向は変わらないというのだ[2]。同研究所の主任研究員の高岡純子さんは「親との同居が減り、近所付き合いも希薄になった。まして少子化で出生数が減少傾向で、月齢が近い母子と近所の公園などで出会う機会も減っている。ワーキングマザーは時間のやりくりは大変だが、子育てが生活のすべてではなく、精神的なバランスがとれている。専業主婦は子育てが主であり、孤立しやすくストレスをより強く感じている」と説明している。

　社会との接点をもつということは、視野を広くもつという意味でも大切である。しかも、そんな愛情をこめて育てた子どももやがて巣立っていくのである。仮に2人産んだとして、50歳ころには末子が大学に入学する。女性の平均寿命は86.8歳（2014年）であるから、子育てが終わって約35年も時間的に余裕ができた状態になる。大学入学を待たなくても、子どもは親離れをするので、実質

40年もあるのだ。もちろん親の介護など他の仕事が大変になってくる時期ではあるが、子ども以外に、「自分の能力を発揮し自己の成長を図る」ものを見つける必要があるのではないか。どうだろう？ 専業主婦は憧れの存在でありえるのだろうか？

（5）バランスのとれた人生って？

　前述の「理想の人生を送っている女性」を聞くアンケートにおいて、多くの女子大生が母親をあげると述べた。では母親以外では誰なのか？ 2015年においては1位「木下優樹菜」、2位「上戸彩」であった。理由は「素敵な夫とかわいい子どもがいて仕事もしていて綺麗だから」。かなり票差があいて「北斗晶」「里田まい」「絢香」と続く。結婚している女性が多い中、独身では「天海祐希」が入っていた。

　この結果から、「仕事」「家庭」「子ども」「きれい」が重要なファクターであることがわかる。あくまでも「家庭と仕事を両立させている」ことが大切なのであり「子どもを産んでも綺麗でおしゃれ」が同じくらい重要度を持つ。この結果から分かるのは、女子大生には一生専業主婦でいつづけたいというよりは、バランスをとって家庭と仕事を両立させたいという意識が強いということである。それならば、「家庭も仕事も子ども」をバランスよく両立させた理想のライフプランニングをしてみよう。

　現実には、日本において、第1子の出産時に女性の43.9％が仕事を辞める。妊娠以前から無職の女性が24.1％であることから合計約7割弱が無職状態になるのである[3]。この数字は先進国の中では高く、子育てと仕事の両立が容易ではないことを物語っている。この約7割の女性達は子育て後に再就職を望んでいるのであろうが、望んだどおりの再就職ができるのであろうか？ 辞めたことを後悔することにならないのだろうか？

　ベストな選択をするためには、情報を把握する必要がある。情報を集めている間に、おのずと「理想の人生」「人生のお手本となる人」も見つかるものである。まずは、情報を集め、考えることから始めよう。次章から、ライフイベントをとりまく状況を詳しく考察していくが、それらをふまえて、ベストな選択をして最高にハッピーな人生を送ってほしい。

| 参考 | 子どもの数をはかる |

合計特殊出生率：1人の女性が生涯に産む子どもの数の平均数
　　　　　　　合計特殊出生率が 2.07 に保たれれば人口の水準が保たれる
完結出生児数：結婚した夫婦がもつ子どもの数

[注]
1) ももせいづみ（2011）『女のしあわせがなくなる日』主婦の友新書　p.24.
2) 日本経済新聞 2010 年 7 月 21 日
3) 厚生労働省（2011）「平成 23 年版　働く女性の実情」（概要版）p.8.
　http://www.mhlw.go.jp/bunya/koyoukintou/josei-jitsujo/dl/11gaiyou.pdf（最終検索日：2016 年 2 月 29 日）

第2章

働　く

1. 企業がおかれている状況

（1）求められる企業のグローバル化
1）国内市場の限界

　日本においては少子高齢化がすすみ、このままの出生率の推移を続けると2006年には人口が減り始め[1]2015年に世帯数が減り始める。その結果、2060年には人口は32.3％減って8,674万人になると推測されている。2060年には年少人口（0～14歳）は2010年時の47％の893万人、生産年齢人口（15～64歳）は54％の4,418万人、老年人口（65歳以上）は118％の3,464万人になると見込まれている[2]。人口が減少するとものが売れなくなり、世帯数が減少すると住宅や自動車等も売れなくなってしまう。今まで、日本の企業は日本の人口が多いことから市場を国内に求めることにまず重点を置いてきたが、これからは国内に市場を求めるのは困難になっていくのである。

2）新興国市場の拡大

　一方、米国の2008年のリーマンショックに始まった世界同時不況は世界同時株安や信用不安をもたらした。もはや先進国だけでの経済の回復は望めず、急速な発展を続ける発展途上・新興国市場がその立て直しのカギを握った。特に、中国やASEAN諸国、インドといった新興国において、自動車や家電製品、高付加価値型サービスの購入層となりうる中間層市場の拡大が見込まれている。日本企業にとっても、アジア市場は人件費が安い生産拠点としてだけでなく、マーケットとして重要性が年々増している。しかし、新興国を重要なターゲットと見

ているのは日本だけではなく、欧米先進国や韓国も国をあげて取り組んでおり、さらに中国も参入を進めている。そんな流れの中で、日本企業もこれらの市場に積極的に進出していくことが求められている。

3） グローバル化に苦労する日本企業

しかし、海外マーケットでシェアを伸ばす韓国企業や自国の巨大市場を背景に売上を伸ばす中国企業の成長と比べて、日本企業の存在感は弱まる一方である。日本企業は国内市場のニーズを満たすことには長けているが、外国のニーズを満たす製品を作ることができていないのである（日本製品のガラパゴス化）。そのため、進出先市場のニーズを的確にとらえることで成長してきた韓国企業の躍進が報じられている陰で、輸出産業を引っぱってきた製造業においても、家電製品、携帯電話等の日本企業の世界市場におけるシェアは低下する傾向にある。

4） 求められる人材のグローバル化

以上のように、現在、日本企業は海外市場において成功していない。海外進出のための拠点の設置・運営に必要な国内人材が育っていないことが原因の1つと言われている。では国内人材のグローバル化に必要なものは何であろう？　第1には「英語力」、第2に「異文化を受け入れる寛容さ」である。「英語力」については小学校から高等教育に至るまで重視されているが、日本人の英語力は国際的に高く評価されていない。第2の「異文化を受け入れる寛容さ」は似通った文化、民族、言語のバックグランドを持つ日本人にとっては苦手とされている。しかし、異文化の理解なしに海外市場で受け入れられる製品を生みだし販売することはできない。また、会社内でこれからますます増えていく外国人労働者と共に働くこともできない。

その認識から先進的な企業では「ダイバーシティー（多様性）」が成功のキーを握っているとされている。「ダイバーシティー」とは、性別、年齢、国籍、人種といった違いを認め、多様性を生かすことで細分化する消費者のニーズと急速に変化する市場に対応する経営戦略である。日本においても、外資系企業や大企業が中心となって女性活用を発端に「ダイバーシティー」に取り組み、あらゆる人材の存在を認め、その能力を最大限に生かす企業へと、大きく変わろうとしている。

5） 日本式雇用制度の崩壊

一方、日本企業における雇用制度にも変化が起きている。グローバル化で国際

競争が激しくなり、企業は「コスト削減、競争原理、成果主義」をスローガンに社員の非正規化を進めてきた。これからは、機械化や海外へのアウトソース化でさらなるコスト削減が要求されるであろう。その結果、マニュアル化が可能な、誰がやっても変わらない仕事は他国の労働者が担うようになることが予想される。

日本の雇用システムは今まさに転換期を迎えている。1990年代前半までの「正社員中心」で組み立てられてきた日本の雇用システムは、バブル経済の崩壊、リーマンショックを経てすでに崩れてしまっている。今や、働く人の3人に1人以上が非正社員であるのだ。(2014年において役員を除く雇用者に占める非正規の職員・従業員の割合は37.4%)[3] しかも、それまでの主婦のパートタイム労働者や学生アルバイトといった「世帯主以外」の非正社員より、「世帯主」非正社員が急増しており、非正社員の身分の不安定が長期のライフプラン作成を妨げている。一方で、雇用制度に守られていたはずの正社員もかつてのような年功序列、終身雇用制度が崩れ、雇用不安が高まっている。要するに、正社員でも非正社員でも「生き残れる人材」になるためのスキルアップを自己責任で行っていくことが求められているのである。

6) 女性の活用の必要性

前述したが日本の人口は2009年時点で1億2,751万人であるが、2060年には8,674万人に、約30%減ると予測されている。一方、人口に占める高齢者(65歳以上)の割合は、2014年時の26.0%から2060年には39.9%になると推測されている[4]。それと同時に、労働力人口(15歳以上の働く意欲のある人)は1998年をピークに減り続け、今後さらに減っていくことが予測されている。

労働力人口が減ると、商品やサービスの需要が落ち込み、高齢者が増えると年金、医療費の負担が膨らむ。その結果、国の財政赤字が増大する。この財政赤字を減らすために、国を成長させることが求められており、そのためにも労働力人口を増やすことが必要である。その解決策として、国は男性よりも平均勤続年数が短く職域も限られることの多かった女性に注目し始めた。

ゴールドマンサックスの試算によれば、日本の女性の就業率(2013年62.5%)が男性と同水準(80.6%)まで向上すれば、日本の就業者数は約710万人増加し、GDPの水準は12.5%押し上げられる可能性があるというのである。さらに、女性の意見を反映した製品・サービスの需要も高まりつつあり、多様な価値観や視

点が事業や技術に活かされる重要性が証明されている[5]。

　また、現在のように厳しい経済状況でも、女性の消費支出は好調である。単身世帯を対象にした2009年の総務省の全国消費実態調によると、30歳未満の女性の可処分所得は月21万8,100円となり、初めて同年代の男性を上回った。その差は2,600円にすぎないものの、「景気動向に左右されやすい」男性に比べると、20代女性の消費意欲は前向きである。女性の方が、国内旅行で7.5ポイント、海外旅行で8.4ポイント、特別な外食で6.8ポイント、健康関連の器具・衣料品・健康食品などで5.6ポイント男性より消費意向が高いというデータもある[6]。また、有職女性の趣味、娯楽の消費は専業主婦の約2倍である。今後、女性がより社会に出て活躍すれば、所得の増加、ひいては消費の増加につながると予想されている[7]。

7）日本の女性の雇用状況

　日本において女性の就業率（15～64歳の女性人口に占める正規・非正規労働者の割合）は2013年には初めて60％を超え62.5％になった[8]。その要因として、景気の低迷、女性の未婚率の持続的上昇、女性の非正規雇用の急増等が考えられる。しかし、この数字は先進国の中では低位にあり、女性の社会進出の進んだ北欧諸国の数字から約15ポイント低い。さらに、日本の高等教育を受けた女性（24歳から64歳で高校以上で教育を受けた者）の就業率は66.1％で経済協力開発機構（OECD）加盟の30カ国中29位であった。トップはノルウェー（88.8％）、スウェーデン（88％）イギリス（85.8％）と続き、最下位は韓国（61.2％）であった[9]。日本において、女性は学歴があっても社会の中で活かす機会や受け皿が十分でないことを表している。

　図表2-1は労働者全体の中で女性が占める割合と管理的職業従事者に占める女性の割合を示したグラフである。日本において女性の管理職の割合はまだまだ低く、ようやく11％を上回るにすぎない[10]。これは先進国の中では低い割合である。また、図表2-2をみると国会議員に占める女性割合も日本において長期的には増加傾向にあるが2012年で7.9％にすぎないことがわかる。他国と比べて政治分野における女性の参画状況も遅れているのである。

　しかも、いまだに女性の年齢階級別労働力率のM字曲線（結婚・出産が増える20代後半から30代女性の就業率の減少：図表1-2参照）は解消されてお

図表 2-1　労働者全体の中で女性が占める割合と管理的職業従事者に占める女性の割合

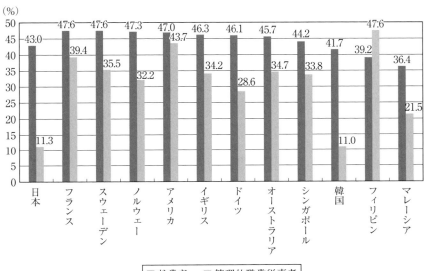

■ 就業者　　■ 管理的職業従事者

備考：1）総務省「労働力調査（基本集計）」（平成26年）、独立行政法人労働政策研究・研修機構「データブック国際労働比較2014」より作成。
　　　2）日本は平成26年、その他の国は2012（平成24）年の値。
　　　3）総務省「労働力調査」では、「管理的職業従事者」とは、就業者のうち、会社役員、企業の課長相当職以上、管理的工務員等をいう。また、「管理的職業従事者」の定義は国によって異なる。
出所：内閣府（2015）「平成27年度　男女共同参画白書（概要版）」http://www.gender.go.jp/about_danjo/whitepaper/h27/gaiyou/html/honpen/b1_s02.html（最終検索日：2016年2月29日）

らず、第1子出産で約7割弱が無職状態になるのだ。詳細を述べると、2005～2009年に日本において出産後仕事を辞める女性は43.9％で、妊娠前から無職の24.1％を合わせると約7割弱が無職になっている[11]。そして驚くことにこの数字はこの20年ほとんど変わっていないのである[12]。経験とスキルを身に付けた女性の多くが結婚や出産でキャリアトラックから降りているというのが現状である。辞める主な理由（正社員の場合）は「勤務時間が合わなかった」65.4％、「職場に両立を支援する雰囲気がなかった」49.5％、「自分の体力がもたなそうだった」45.7％、「育児休暇をとれそうもなかった」25.0％、「子どもの病気等で度々休まざるを得なかった」22.9％、「保育園に子どもを預けられそうになかった」

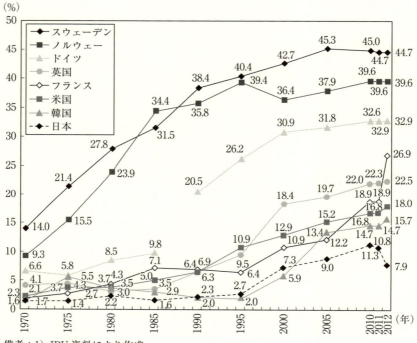

図表2-2 日本と諸外国の国会議員に占める女性割合の推移

備考：1）IPU 資料により作成。
　　　2）一院制又は下院における女性議員割合。
　　　3）ドイツは1985年までは、西ドイツの数字。
　　　4）上記グラフは平成24年4月作成時より時点更新している（2010年⇒2012年）。
出所：内閣府（2012）「平成24年度　男女共同参画白書　政治分野における女性の参画拡大のためのポジティブ・アクション」http://www.gender.go.jp/policy/positive_act/pdf/positive_action_016.pdf（最終検索日：2016年2月29日）

20.7%、「会社に育休制度がなかった」19.1%、「妊娠・出産に伴う体調不良のため」18.1%、「家族が辞めることを希望した」18.1%であった[13]。

　他国に目を向けてみると、2004年厚生労働省の調査では、1999年において6歳未満の子どもをもつ母親の就業率は、スウェーデン77.8%、アメリカ61.5%、オランダ60.7%、フランス56.2%、イタリア45.7%であるのに、日本は35.6%にすぎないのである[14]。

　「女性の就業率を上げると出生率が下がる」という意見も聞かれるが、他の先

図表 2-3　OECD 加盟 24 カ国における合計特殊出生率と女性労働率（2009 年調査）

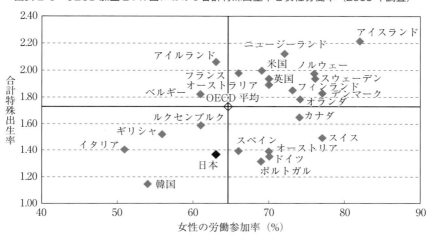

注：「少子化と男女共同参画に関する社会 環境の国際比較報告書」（平成 17 年 9 月少子化と男女共同参画に関する専門調査会）を参考に、同報告書が分析対象とした 24 カ国を対象に作成。
資料：2009 年女性労働参加率：OECD ジェンダーイニシアチブレポート P58、2009 年出生率：OECD データベース（http://www.oecd.org/document/0,37 46,en_2649_201185_46462759_1_1_1_1,00.html）を基に、内閣府男女共同参画局で作成。
出所：内閣府男女共同参画局（2012）「男女共同参画会議　基本問題・影響調査専門調査会　平成 24 年報告書」p.45　http://www.gender.go.jp/kaigi/senmon/kihon/kihon_eikyou/pdf/spinv_frep_1-2.pdf（最終検索日：2016 年 2 月 29 日）

進国の例をみると必ずしもそうではないことがわかる。図表 2-3 は OECD 加盟 24 カ国における合計特殊出生率と女性労働力率を示している。アメリカ、ノルウェー、オランダ等、女性労働力率が高い国ほど合計特殊出生率が高くなっているのがわかる。働き方の柔軟性を確保し、仕事と子育ての両立の基盤を整えてきた国ほど、女性労働力率が高く合計特殊出生率も高いのである。逆に、女性の労働力率の低い日本、韓国、イタリアなどは合計特殊出生率も低い[15]。この特徴は日本国内でも見られる。福井県、長野県、沖縄県など、女性の労働力率の高い都道府県は出生率も高いのである。「夫婦で稼いで経済的に不安がない夫婦が子どもを多くもつ」という事は今や広く知られている事実である。女性の雇用環境が仕事と家庭の両立しやすいように改善されると女性労働力が高まるだけでなく少子化対策にもなるのである。

一方、男女間賃金の格差も歴然と存在する。各国において男性の時間当たりの賃金を100として女性の賃金の割合を検証してみる。2006年において日本の女性（正社員・非正社員を含む）は67.8であった。この数字はスウェーデン85.0、フランス88.0、アメリカ79.9等、欧米に比べるとまだまだ低いというのが現状である。さらに日本においての就業時間は男性100に対して女性は75.9であり、就業者数の男女比は男性100に対して女性71.2にしかすぎない。この結果を総合して、内閣府が試算した日本女性の就業への参画の状況を賃金総額でみた場合、男性に対して女性は36.6にしかすぎないのである[16]。

参考　労働力について

労働力人口：15歳以上の人口のうち就業者（休業者も含む）と完全失業者の合計。
非労働力人口：15歳以上の人口のうち働く意思のない者。病弱者、学生、専業主婦など。
就業率：15歳以上の人口に占める就業者の割合。
労働力率：就業者に失業者を加えた人数の割合。15歳以上で働く意欲のある人がどれくらいいるかを示す。

参考　女性の活用度　日本は世界で101位（世界経済フォーラム2015年）

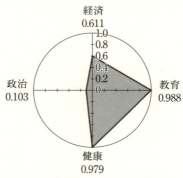

注：指数は統計データを基に0以上の数値で表す。
　　0は不平等。1は男女格差なし。1を超えると女性優位。
出所：日本経済新聞Web刊（2016年1月12日）

各国の男女格差（ジェンダーギャップ）の順位において、日本は世界145カ国中101位で、主要7カ国（G7）の中で最下位だった。このランキングは「政治への参

加」「職場への進出」「教育」「健康度合い」の 4 分野の計 14 の項目を使って、男女平等の度合いを指数化し、総合順位を決める。1 位から 4 位までは、アイスランド、ノルウェー、フィンランド、スウェーデンと北欧諸国が独占。5 位から 10 位はアイルランド、ルワンダ、フィリピン、スイス、スロベニア、ニュージーランドの順。

（2） 女性活用を妨げる要因
1） 女性に厳しい雇用状況

　長時間労働を求められる職場では女性は体力的にも不利である。会社滞在時間より時間労働性をあげることに重点をおき、週 40 時間以上は働かないといったルール作りが急がれている。ワークライフバランスの改善が女性の働きやすい職場につながるが、それは同時に男性にとっても働きやすい職場であるはずなのである。

　長時間労働は子育て中の母親にとって、働き続けることの最大の妨げになっている。子どもを持つ正社員の女性が正社員を続けたかったが辞めた理由の 1 位は「勤務時間があいそうになかった（あわなかった）」であった[17]。2010 年に「改正育児介護休業法」が施行されて、時短勤務（1 日 6 時間）が男女とも 3 歳までの子どもを養育する労働者に認められるようになった。しかし、「残業代がなくなり基本給が減給される」「育児休業や時短労働によって人事面での評価が低くなる」といったデメリットが普及を妨げる要因になっている。制度はあっても運用の問題が大きくたちはだかっているのだ。

　さらに、夫である男性の雇用条件は厳しく帰宅も遅い。6 歳未満の子どものいる家庭で日本人男性の家事、育児に費やす時間は 1 日あたり約 1 時間にすぎず、3 時間を超えているスウェーデン、ノルウェー、アメリカには遠く及ばない[18]。子育ての負担は女性に重くのしかかっているのである。

2） 社会インフラの不備

　厚生労働省の調査では、認可保育所への入園を希望しながら定員がいっぱいで入れない待機児童が 2015 年 4 月 1 日時点で 2 万 3,167 人に上った[19]。特に都会において事情は深刻であり、保育所増設が待たれている。さらに、近年の不況により共働き志向が高まり、供給が増えるほど子どもを預けて働こうとする保護者も増え新たな需要を生んでいる。それに対応するため、行政も積極的に取り組

み、地方自治体によっては民間企業が認可保育所を運営できるようにしたが、すべての市区町村で実現できたわけではない。福祉的な側面が強い保育事業を営利目的の企業に任せることに抵抗感をもち民間の企業の参入に消極的な市区町村もあるからである。例えば名古屋市は企業参入に消極的であり、現在待機児童数を減らせていない[20]。

入園希望者が定員を上回る場合、入所選考があり、家庭の状況が点数化され、必要度の高い人から優先される。保育サービスの利用実績があると優先順序が上がる地域もあるため子どもを認可保育所に入れるためにまずは認可外保育所に預ける母親も多い。また、「4月に欠員がでる可能性が高い」「0歳児の入園決定率が高い」という状況から、育児休暇の期間を予定変更することが必要になる場合もある[21]。

3) 少ない女性管理職候補

「男女雇用機会均等法」の施行から約25年がたったが、女性が昇進し男性と対等な地位が確立できたわけではない。均等法施行当時、総合職の採用は少なかった。しかも、その少ない総合職の女性も結婚、出産、子育てで退職した人が多く、残った女性も管理職候補として育てられておらずキャリアを積む機会を与えられていない。それが現在の女性管理職の少なさにつながっているのである。

後に「総合職と一般職」で詳しく述べるが、就職時に一般職で入社した女性には管理職の道はほぼ閉ざされている。スタート時点の区分けが一生の働き方を決定するコース別雇用管理制度が、管理職候補の女性の数が少ない理由になっているのだ。

4) 女性の意識の問題

女性の昇進意欲の乏しさも問題だ。出産、育児をしながら仕事を続けることの困難を乗り越えてまでキャリアを築くことに魅力を感じない女性が多い。与えられた仕事はこなすが、社内の出世闘争に興味がないのである。現状では女性管理職は少なく、仕事と家庭を両立して理想の人生を歩んでいるロールモデルになる女性を見つけることが難しい。両立の困難さだけが強調されて、出世をしたらどんな世界が広がるかを思い描けないことから、出世を望まない女性が多いのである。あるいは、家庭と仕事の両立をする場合、総合職はより大変であることから一般職をあえて選ぶ女性もいる。両立が厳しい雇用環境が女性の出世意欲を減少

させているのである。

　女性の出世意欲が低い背景には、まだまだ根強い伝統的な男女の役割意識があると思われる。「夫は外で働き、妻は家庭をまもるべきである」という保守的な考えをもつ人は減少傾向にあるが、2012年において男性は55.1%、女性は48.4%であった[22]。「家計の主たる稼ぎ手は男性であるべきで、女性は家庭を第1に考え家計の補助的な収入を得る」ことで満足している人が多いのである。

　また、女性は専門職志向が強いので、幅広い経験や知識が求められる管理職登用には向いていないという指摘もある。

(3) 解決策
1) クォータ制導入の検討

　日本において、国会議員の女性比率は7.9%（2012年）[23]、管理的職業従事者は11.3%である（2014）[24]（図表2-1と図表2-2参照）。女性活用面では日本は後進国である。そこで導入が待たれているのがクォータ制である。クォータ制とは、もともと政策決定機関での男女間の格差を積極的に是正するための方策で、「割り当て制」のことであり、ノルウェーで最初に導入された。同国において1988年に「男女平等法」が改正され「公的に設置される理事会、審議会及び委員会は、4名以上で構成される場合には、一方の性が全体の40%以上を占めなければならない」と改定された。このクォータ制によって、女性の公的機関への進出が顕著になったのである。

　今や、OECD諸国で国会議員に占める女性の割合のクォータ制をとっていないのは、アメリカ、アイルランド、トルコ、フィンランドと日本くらいである[25]。韓国は2004年に比例代表制での女性枠を定めたクォータ制を導入し、2000年に5.9%であった女性比率を2010年に14.7%に引き上げた[26]。

　このクォータ制は企業にも適用されつつある。ノルウェーでは会社法改正により2004年から国営企業の取締役会の男女構成比をそれぞれ40%以上とするよう義務付けられ、2006年には民間の上場企業にも同様の改正がなされた。割合を遵守しない企業に対しては、企業名の公表、企業の解散という制裁を課すことを定めている[27]。その結果、取締役会の女性比率が40%以上に達している上場会社は2010年に94%に達している。この動きはヨーロッパに広がり、2011年7

月には EU が主要加盟国に対して、上場企業における女性取締役比率を 2015 年までに 30％、2020 年までに 40％に引き上げるよう要請した[28]。

　日本がクォータ制導入に踏み切れないのは、一方の性を優遇することに対する批判があるからである。しかし「対等な競争ができるようになるまで」と期間を区切った措置であれば問題はないと思われる。さらに、クォータ制は「企業が努力するべき方向性」を明確にし、女性活用の理由づけをしてくれるという意味で有意義である。

　そこで問題になるのは、クォータに達するほどの多くの役職にふさわしい女性の不足である。しかし「地位が人をつくる」のであり、責任と権限を与えれば、それにふさわしい人材になっていくものである。まずは管理職を経験させてみて実績を残せなかったら役職からはずすというルールで始めればよいのである。その場合においても、女性管理職が社内に 1 人しかいない場合、その 1 人が失敗すれば「女性すべてが失格」という判断に陥りかねない。そうならないためにも、クォータ制によってある程度の数の女性管理職をまず登用させることが必要である。

2） 雇用環境の見直し

　多くの企業の経営陣は高度成長期の成功体験をもっている。職場の多様性が必要であるとは知りつつ失敗を恐れ、従来の男性リード・長時間労働に固執するのである。しかし、労働生産性（就業者 1 人当たり名目付加価値）をみると、日本の順位は OECD34 カ国中 21 位であり、アメリカ、イタリア、イギリス、フランス、ドイツ、カナダ、日本の先進 7 カ国の中では最下位という状態である[29]。現状にあった雇用環境を実施するための理解を高めていく必要がある。そのためには、残業を廃止して効率重視の密度の高い働き方にシフトすることが大切である。そうすることによって、育児や介護と仕事を両立する人が働きやすい「ワークライフバランス」をふまえた職場が実現されるのである。

　「ワークライフバランス」を浸透させるには 5 つのポイントが必要とされている。第 1 は、仕事内容の「共有化」「見える化」を実現し誰が急に休んでも支障のないビジネス体制を構築すること。第 2 に、経営陣が率先して「ワークライフバランス」を経営戦略として明確に打ち出し社員に浸透させること。第 3 に、「ワークライフバランス」を報酬として位置付けること。従来、仕事の報酬は金

銭のみであったが「ワークライフバランス」によって実現される余裕のある生活も報酬の一部であるという認識が社会で広がることが必要なのである。第 4 に、管理職が自ら「ワークライフバランス」を実践すること。第 5 に、公平な人事評価制度があること。この場合、決められた時間内で高い成果を出しているかどうか、育児・介護中の社員を支えているか、同僚・部下を信じて仕事を任せて育てているかが評価の対象になる。

「ワークライフバランス」は仕事と私生活を対立軸で見るのではなく、相乗作用で高め合う関係にあるとみることが重要である。私生活が充実して心身ともに健康になり、人脈が広がり視野も広がりアイデアのインプットができ、ビジネスに有効なアウトプットができ効率よく仕事ができる。この好循環こそが「ワークライフバランス」であり、雇用環境への導入が求められているのである。

3) 社会インフラの整備

厚生労働省は 2008 年、0 ～ 5 歳児の保育所受け入れ数を 10 年間で 100 万人増やす「新待機児童ゼロ作戦」を策定した。民間企業の参入を認める市区町村が増え認可保育所を整備し定員を増やし、認可保育所の定員は 2010 年度中に全国で 4 万 6,000 人増えた。認可外保育所も増加傾向にある。

企業も育児支援に積極的になりつつある。職場近くに事業内託児所を設けたり、子どもが待機児童になった場合ベビーシッター料金を支援したりする企業もある。なぜなら、保育所に入れないなどの理由で育児休業が延長された場合、職場全体の人事異動計画を練り直すなど企業側に支障をきたすからである。一方、雇用者にとっても離職期間が長くなりすぎるとキャリアのためにはマイナスになる。女性が働き続けるためには待機児童問題解決は急務であり、インフラの整備が待たれている。

4) 税制改革

所得税では税率を適用する前に個人的事情を考慮するため課税所得金額を算定する。この個人的事情を考慮するために 14 種類の所得控除が設けられており、配偶者控除はその 1 つである。世帯主（通常は夫）は配偶者（通常は妻）の年収が 103 万円未満の場合、過去において配偶者控除 38 万円と配偶者特別控除 38 万円を重複して適用されることができた。この制度のため、多くの女性は低賃金の非正規労働に甘んじていた。2004 年度の税制改革によって、配偶者特別控除

のうち配偶者への上乗せ部分が廃止され、女性を働かせないインセンティブの一部が廃止された。残る配偶者控除（38万円）も廃止されれば、既婚女性が賃金水準の高い正規雇用を求める刺激となる。

5）健康保険改革

医療保険とは民間の会社で働く勤め人の業務外の疾病・負傷・死亡・出産に関して保険給付を行い、その被扶養者（配偶者・子ども・兄弟・親）のこれらの事故に関して保険業務を行う制度である。被扶養者は自ら保険料を払うことなく医療保険の給付が受けられる。その場合の被扶養者の条件は年収130万円未満であることであり、その額を超えると独自に健康保険に加入し自ら保険料を払わなければならない。

働く主婦で年収130万円を少し上回る程度の年収の場合、夫の被扶養者から外れてしまうことで自らの健康保険料を払わなければならなくなりかえって手取り収入が減ってしまう。そのため、年収130万円を超えないように仕事を調整する主婦が多いのである。この仕組みを変えることによって女性の社会進出が進むと思われる。

6）年金制度改革（図表5-10参照）

第2号被保険者（厚生年金や共済年金に加入している勤め人）に扶養されている配偶者は第3号被保険者といわれる。この場合の被扶養者の条件は年収130万円未満であるということ。年収130万円を超えてしまうと、国民年金の第1号被保険者として自ら保険料を払う必要がある。そのため、健康保険同様、年収130万円を超えないように仕事を調整する主婦が多いのである。この仕組みを変えることによって女性の社会進出が進むと思われる。

（4）就職活動から始まるライフプラン

バランスのとれた人生にはどんな形態であれ「働く」ということは不可欠である。皆さんの多くが就職活動を控えているが、一生働く視点で企業をみることが大切である。現在、女性活用に向けて法律や制度は整いつつあるが、企業が女性活用に前向きでないと制度を利用しづらい。あるいは、妊娠や育児を理由に退職の強要や配置転換などの不当な扱いをする企業もいまだにある。もちろん、頑張り次第で企業を変えることも可能であるが道は険しい。それならば、今から就

職活動をする人は、「仕事と家庭の両立」に理解のある企業に就職をする方がスムーズにいく。就職活動の時から、その会社の女性活用に対する姿勢をみることが大切である。では何がチェックポイントなのか？

第1に、企業に将来性がありCSR（企業の社会的責任）を果たしているか。

第2に、研修・教育制度がしっかりしているか。厳しい雇用環境では正社員でも非正社員でも、失業状態に陥るリスクに備えておかないといけない。そのためにも普遍性のある技術は役立つものである。

第3に、女性社員の数が多いか。既婚女性、子どものいる女性、勤続年数の長い女性がいると、働き続ける体制が整っていることがわかる。さまざまな年齢層の女性が働いているかをチェックすること。女性従業員がパートタイム労働者か派遣労働者だけというのでは、正社員として長く働ける環境ではないことを意味している。どういう就業形態が多いかをチェックする。もしも、従来女性が少なかった部門にも配属される女性が増えていたり、転勤のない総合職採用、再雇用制度を設けていると、企業の男女の壁を越えて女性活用に踏み込む企業の努力姿勢が見てとれる。

第4に、女性の管理職はいるか。女性にも昇進の道が開かれていれば、女性のやる気アップにつながる。そのためにも、「女性が管理職になれる」という企業風土は大切である。

第5に、性別を問わず良好なワークライフバランスが保たれているか。男性の雇用条件が厳しく、男性と同じように働かないと認められないという職場では、家庭や育児との両立を目指す女性が仕事を続けるのは難しい。仕事の効率を高め、生活の質を高めることに重点をおいている職場は、女性だけでなく男性にも働きやすい職場であるはずである。そのために、多様な働き方を認め、公平な評価制度、有給休暇取得率の向上、残業時間の削減、フレックスタイム導入、時短勤務などの導入、男性の育児休業取得率をチェックする。

女性活用のポジティブアクションに取り組む企業は、2010年から厚生労働省が認可したシンボルマーク「きららマーク」をホームページや会社案内に掲げている。ポジティブアクションとは、女性の少ない職種における女性の採用拡大・女性の採用人数の目標設定・女性管理職の促進・モデルとなる女性の育成など、固定的な男女の役割分担意識や過去の経緯から、男女の労働者間に事実上生じて

いる差を解消しようと企業が自主的かつ積極的に行う取り組みである。「きららマーク」を掲げている企業は、ポジティブアクションに取り組んだり、その趣旨に賛同している企業である。また、厚生労働省はポジティブアクションに積極的に取り組んでいる企業や「ファミリーフレンドリー企業」（仕事と介護・育児とが両立できるようなさまざまな制度をもち、多様でかつ柔軟な働き方を労働者が選択できるような取り組みを行う企業）を表彰し、厚生労働省のホームページで紹介している。

　さらに厚生労働大臣（具体的には都道府県労働局長）は2007年から「次世代育成支援対策に取り組んでいる企業」に「次世代認定マーク（くるみん）」を認定している。認定を受けるために企業は育児支援、男性の育児休業取得の推進、女性の育児休業取得の推進、育児のための時短制度、残業削減、有給休暇取得の促進、ワークライフバランスのとれた雇用環境実現等において課された目標をクリアしないといけない。そして、認定を受けた企業は自社製品・職場・店舗・広告・ホームページに認定マークを表示することが可能になる。就職活動時には参考にするべきである。2015年3月末時点で2,138社が認定を受けている。

図表2-4　女性活用を支援する企業の認定マーク

　　きららマーク　　　　　くるみんマーク　　　プラチナくるみんマーク

出所：厚生労働省（2010）個性労働省ホームページ
　　　http://www.mhlw.go.jp/shingi/2010/07/s0716-1.html
　　　厚生労働省（2015）「厚生労働省ホームページ」
　　　http://www.mhlw.go.jp/stf/seisakunitsuite/bunya/kodomo/shokuba_kosodate/kurumin/
　　　（いずれも最終検索日：2016年2月29日）

さらに 2015 年 4 月から「くるみん認定」を既に受け、相当程度の両立支援の制度の導入や利用が進み、高い水準の取り組みを行っている企業への「プラチナくるみん認定」が始まった[30]。

就職活動中、ホームページ、企業訪問、先輩訪問によって、希望する企業の女性活用の取り組みを見極めることが大切である。大企業の方が、マスコミに取り上げられたり制度も充実していて「女性が働きやすい環境」である確率は高い。しかし、中小企業も人材確保・人材育成には取り組んでおり、地域の中小企業団体と大学等が連携し、学生と中小企業との交流の機会をつくり職場環境の改善をアピールすることによって大企業との格差是正に乗り出している[31]。自らが家庭と仕事の両立に苦労した女性管理職がいる中小企業は子育てしながら働きやすい職場であるケースもある。一概に中小企業は遅れているとは言えないのである。

2. さまざまな雇用形態

(1) 総合職と一般職

日本においてコース別雇用管理制度を取り入れる企業は多い。この場合のコース形態の特徴を以下にあげる。「総合職」とは、「仕事は比較的高度な業務に従事し、かつ仕事の遂行に際して判断の必要な業務が多い。企業内での昇進の道は開かれており、転勤も余程のことがない限り受けざるをえない」。一方、「一般職」とは、「仕事は比較的単純な定型的・補助的な業務に従事し、業務上の判断も上司や総合職に仰ぐのが普通である。昇進は限定されており、転勤命令のないことが多い」。この両者の中間に位置するのが、地域限定総合職や准総合職といったものである。これらは「総合職なみ、あるいは総合職に準ずる業務に従事し、原則一定地域エリア内のみの転勤がある」とされている。しかしこれらの定義は企業によって異なる[32]。

図表 2-5 はこの人事管理を行うコース別雇用管理制度をとりいれている企業の割合の推移を示している。コース別雇用管理制度は大企業においては減少傾向にあり 2012 年において全企業の約 11％がこの制度をとりいれている。

図表 2-6 は産業別に見たコース別雇用管理制度をとっている企業の割合を示

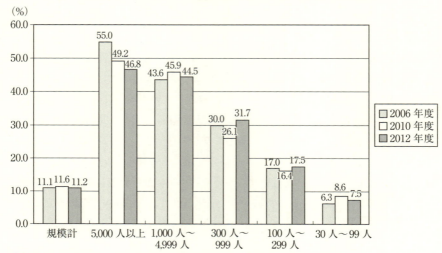

図表 2-5　規模別コース別雇用管理制度のある企業割合の推移

資料出所：厚生労働省「女性雇用管理基本調査」、「雇用均等基本調査」
出所：厚生労働省（2013）「平成 25 年　第 128 回労働政策審議会雇用均等分科会資料
　　　コース別雇用管理及びポジティブアクションに関するデータ（補足）」
　　　http://www.mhlw.go.jp/stf/shingi/2r98520000036fum-att/2r98520000036fy2.pdf
　　　（最終検索日：2016 年 2 月 29 日）

したグラフである。この制度を導入しているのは、圧倒的に金融・保険業が多いことがわかる。2006 年度と 2012 年度の比較において、増加しているのは宿泊・飲食サービス業（4.7%→8.5%）であり、他のほとんど全ての産業において減少傾向にある。

　このコース別雇用管理制度ができたのは 1986 年の「男女雇用機会均等法」が制定された頃である。それ以前は男性が主として総合職の仕事、女性が一般職の仕事をしていた。この「男女雇用機会均等法」に対応するため企業は、男性と同じ仕事をしてキャリアをもつ女性と、定型的・補助的な仕事に従事する女性の 2 つに分けようとした。要するに、一部の女性にも総合職の機会を与えて、男女の処遇差別を緩和する姿勢を見せたのである。

　また時代背景として女性の学歴が高くなり勤労意欲が高まってきていたことも見逃せない。企業の規模、本人の能力によって差が生じるため例外があるが、高卒・短大卒の女性の大半は一般職とみなされる。大卒の女性に関しては、レベ

図表2-6 産業別コース別雇用管理制度のある企業割合 2006年と2012年

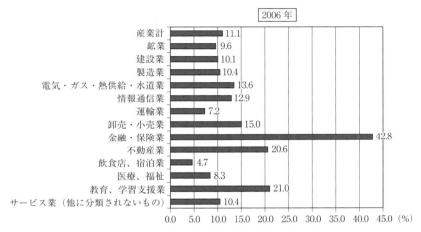

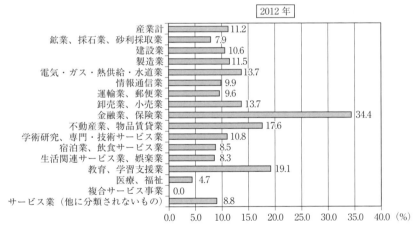

注：1）2006年度と2012年度の産業分類は一致しない。
　　2）「0.0」は集計した数値が表章単位に満たないもの。
　　3）常用労働者数30人以上の集計値。
出所：厚生労働省（2013）「平成25年　第128回労働政策審議会雇用均等分科会資料　コース別雇用管理及ポジティブアクションに関するデータ（補足）」
http://www.mhlw.go.jp/stf/shingi/2r98520000036fum-att/2r98520000036fy2.pdf
（最終検索日：2016年2月29日）

ルが普通の大学出身者は一般職、レベルが高い大学の出身者は総合職というのが一般的な認識である[33]。 とくに大企業の総合職は、高卒・短大卒の女性には門戸が開かれていないというのが現状である。そういう場合は、コース別雇用管理制度を導入していない中小企業で働いた方がキャリア構築のためには良いと考えられる。

ここで留意すべきことは、レベルの高い大学を卒業した女性であっても意図的に一般職を希望する女性がいることである。立派な学歴をもちながらキャリアを第一に考えない女性が多く存在するのである。特に、子どもをもちながら働く場合、残業・転勤がある総合職は困難であることが多い。よほど恵まれた雇用環境でなければ、一般職の方が給料は安く昇進はしないが、仕事と家庭の両立はしやすいのである。さらに、一般職で大企業に就職すれば、賃金などの労働条件が例え一般職であっても恵まれており、職場で有能で高収入の男性に巡り会って結婚する可能性も高くなる。また、例え結婚相手を見つけられなくても、大手企業で働いているという実績は女性の肩書としては好条件になる。よって、一般職であっても大手企業志向が高くなるのである。

もう1つの留意点は、若い世代には転勤によって生まれ育った土地を離れたくないという意識の高い人が多くいるということである。そんな希望を男性がもつことは社会的に受け入れられ難いが、女性の希望としては社会的にそれほど非難されることではなく、転勤が嫌なのであえて一般職を選ぶ女性を構成している。

いっぽう、企業側からすれば、このような大学卒女性の一般職を本当の戦力として見ているかどうかは疑問である。一般職の仕事は通常、大学卒の経歴が必要であるほどの技能を要求しない。パートタイム労働者や派遣労働者を雇った方が低コストで抑えられる。実際、バブル経済破綻後の1991年ごろから始まる「失われた10年」あるいは、その後景気回復はしたけれども実質成長率は低かった時代、そして今に至るまで、大学卒の一般職をパートタイム労働者や派遣労働者が代替してきた。その結果、一般職の女性の数は減少したのである[34]。

これらのコース別人事に存在価値はあるのか疑問の残るところである。2003年、国連の女性差別撤廃委員会（CEDAW）は、この一般職・総合職の制度を男女差別の隠れみのに使われる「間接差別」として、日本政府に対し対策をとるよう呼びかけた。しかし、私はある条件さえ満たされていれば、多様な女性のラ

イフコースに対応するためコース別雇用管理制度は必要であると考える。その条件とは「総合職と一般職の間の移動が可能」ということである。採用時に決められたコースの区分が、その企業で働く限り存続されるのはあまりにも柔軟性に欠ける。キャリア構築を期待されている総合職の女性も結婚すれば転勤を避けたいと思うであろうし、責任の軽い仕事につきたいと希望する者もいるであろう。その反対に、一般職の女性でもキャリア重視で長期に働くことを希望する者もいれば、一般職より高い収入を得るため総合職に就きたいと思う者もいるであろう。要するに、人生には方向転換する可能性があるのだ。やる気と実力があれば移動可能にすること、そのためには実績判断、試験や面接といった評価体制が必要となる。これは企業にとっても、コースに適応しないという理由で退職する女性が減少するという意味でメリットがあるはずである。

（2） 正規労働と非正規労働

　正規労働に従事する正社員と非正規労働に従事する非正社員の違いは、労働契約において雇用期間を限定しているかどうかにある。一般的に、雇用期間を定めずに、定年まで雇われるのが正社員である。非正社員はそれ以外の労働者のことで、契約社員、派遣労働者、パートタイム労働者など有期の雇用契約を結んでいる。雇用契約終了後の身分の保証はなく、働き続ける場合は、期間の満了のたびに契約を更新することになっている。

　日本において、1990年代後半から非正社員が増えつつあるが、非正社員にはどんな種類があるのだろうか？　これらの違いは、労働の契約方式、雇用期間、労働時間である。図表2-7は正社員と非正社員の分類と就業形態別の割合を示したグラフである。2010年において正社員は全女性労働者の41.9%であり、非正社員は58.1%を占めていた[35]。実に女性の半数以上が非正社員であった。一方、男性の正社員は76.0%、非正社員は24.7%であった。男性に関しては、非正社員の割合は増加しつつあるが、女性の割合に比べると、正社員率ははるかに高いのである。

　厚生労働省の統計において、非正社員は、①パートタイム労働者、②派遣労働者、③契約社員、④嘱託社員、⑤臨時的雇用者、⑥出向社員、⑦その他、に分類される。女性の場合、女性の非正社員を100とした割合は①70②7③7④2

図表 2-7 正社員・非正社員の分類と就業形態別の割合（%）

		雇用内容	男性計	女性計	男女計
正社員		雇用期間の定めのない者　いわゆる正社員	75.3	41.9	61.3
非正社員		正社員以外の雇用	24.7	58.1	38.7
	パートタイム労働者	正社員より1日の所定労働時間が短いか、1週間の所定労働時間が少ない労働者で、雇用期間が1ヶ月を超えるか、又は定めのない者	10.3	40.5	22.9
	派遣労働者	労働者派遣法に基づき派遣元事業所から派遣されてきている者	2.2	4.0	3.0
	契約社員	特定職種に従事し、専門的能力の発揮を目的として使用期間を定めて契約する者	3.1	4.0	3.5
	嘱託社員	定年対象者等を一定期間再雇用する目的で契約し、雇用する者	3.2	1.2	2.4
	臨時的雇用者	臨時的に又は日々雇用される労働者で、雇用期間が一ヶ月以内の者	0.5	1.0	0.7
	出向社員	他企業より出向契約に基づき出向してきている者	2.2	0.6	1.5
	その他	上記以外の労働者	3.3	6.7	4.7

出所：厚生労働省（2010）「平成22年　就業形態の多様化に関する総合実態調査の概況：結果の概要　http://www.mhlw.go.jp/toukei/list/5-22b.html（最終検索日：2016年2月29日）から作成。

⑤2⑥9⑦12となっている。男性の場合は、男性非正社員を100とした割合は①42②9③13④13⑤2⑥9⑦13となっている。要するに、女性の非正社員の大半はパートタイム労働者なのである。

1）パートタイム労働者・アルバイト

　パートタイム労働者とは、統計上の定義をみると、厚生労働省の統計（「毎月勤労統計調査」「賃金構造基本統計調査」など）では、「1日の所定労働時間が一般労働者より短い者あるいは1日の所定労働時間、又は1週の所定労働日数が当該事業所の一般労働者より少ない者」と定義されている。また、総務省の統計（「就業構造基本調査」「労働力調査詳細集計」など）では、「事業所においてパートと呼ばれている労働者」（呼称パート）と定義されている。総務省「労働力調査」では週間就業時間別に雇用者数を調査しており、このうちの「週間就業時間35時間未満の者」がパートタイム労働者として代用されることもある。一方、

法律上は、「短時間労働者の雇用管理の改善等に関する法律」（いわゆるパートタイム労働法）の中で、「一週間の所定労働時間が同一事業所の通常の労働者より短い者、又は正社員と一日の労働時間は同じでも1週の所定労働日数が少ない者」と定義されている[36]。「パートタイマー」「アルバイト」「嘱託」「契約社員」「臨時社員」「準社員」など、呼び方は異なっても、この条件に当てはまる労働者であれば法律的にはパートタイム労働者とみなされる[37]。一般的に、パートタイム労働者は正社員と比べ、時間あたりの賃金が安く、福利厚生などの対象にもならないことが多い。

フルタイムパートタイム労働者（疑似パートタイム労働者）とは、労働時間が1週間に35時間から40時間以上ある人のことである。その中で、正社員と同じ内容の仕事をして、正社員と同じ責任や配置転換の可能性があるにもかかわらず、パートタイム労働者の扱いを受けている人は、正社員的パートタイム労働者と呼ばれる。この立場の労働者は、有期雇用で身分が不安定であり労働時間が長いにもかかわらず賃金が安く、待遇の改善が急務である。

2）派遣労働者

企業が派遣会社と契約を交わし、派遣会社が雇っている職員が企業に派遣されて業務を処理する形態で、指揮命令権は派遣先企業にある。派遣労働は1985年に法律で制定され、最初は職業が専門的なものに限定されていたが、その後規制は緩和されつつある。構成は、女性と男性では女性が多い。派遣労働者の大きな問題は、キャリア形成の難しさと言われている。常用型の派遣では、社員のスキルアップに取り組むところもあるが、仕事がある時にだけ契約を結ぶスポット派遣は、派遣会社は労働者のスキル育成に費用はかけてくれない。若い頃から派遣を選んでしまうと、キャリア形成は難しいことが多い。

3）契約社員・嘱託社員

短期契約で雇われる形態を広く指す。製造現場に勤務するものは「臨時工」「期間工」などとも呼ばれる。高度な技術をもつ専門職の人が雇用期間を限定して契約を結んだり、一度退職した職員が再雇用で「嘱託社員」として雇われる形態も含まれる。固定給のみならず、営業職に多く見られる完全出来高制のような形態もある。仕事に対する報酬は高いが常時有職というわけにはいかず、一定収入にはつながりにくい。「期間工」と呼ばれる契約社員は企業の忙しい時だけ技

能の高くない職につく人たちである。構成は高齢者の割合が高い。しかし、若年層でも契約社員になる割合は増えている。

　以上のように非正社員には、能力・即戦力のある人材を確保する、高度な技術をもつ人材を確保する、といった意味があるので、「非正社員＝賃金が安い」と理解するのは間違っている。しかし、多くの場合は、長期雇用されず、社会保険制度への加入が確実でないという点においても、条件が良いとは言えない。

参考　労働者派遣法改正のポイント（2015年9月30日施行）

(1) 全ての労働者派遣事業を許可制に
(2) 専門26業務に関わらず、一人の派遣労働者が同じ部署で働ける期間を原則上限3年にする。
　　派遣先が3年を超えて派遣を受け入れようとする場合は、派遣先の事業所の過半数労働組合等の意見徴収が必要。
(3) 派遣元事業主は制限期間の上限に達する派遣労働者に以下の雇用安定措置のいずれかを講じることを求められる。
　　・派遣先への直接雇用の依頼。
　　・新たな派遣就業の提供。
　　・派遣元事業所での無期雇用。
　　・その他安定した雇用の継続が確実に図られると認められる措置。
(4) 派遣元事業主と派遣先の双方から派遣労働者に対し、キャリアアップ支援、賃金の情報提供、教育訓練、均等待遇確保に関する配慮義務
　政府は派遣労働者の雇用が今より安定するうえ、正社員化に道を開くものだと法改正の意義を強調する。この改正によって企業の側にとっては、あらゆる仕事をずっと賃金が低い派遣に任せることが出来るようになるメリットがあるが、労働者側からすると、3年ごとに契約が打ち切られ、その都度新たな派遣先を探さなければならなくなるというデメリットがある。

（3）就業形態による処遇の差
1）賞与（ボーナス）・退職金・社内教育訓練・正社員への転換制度

　図表2-8は就業形態別に各種制度の適用事業所割合を示している。賞与とは、賃金以外に年に2～3回、労働者に支給される報酬である。この制度は正社員

第2章 働　く　37

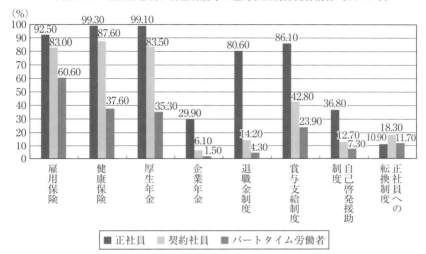

図表2-8　就業形態別、各種制度等の適用状況別労働者割合（2014年）

注：本調査は、官公営の事業所も調査対象としており、社会保障制度の扱いが官公営と民営では異なることに注意を要する（官公営の事業所の「正社員」の場合「雇用保険」「企業年金」は適用されていないものとして集計をしている）。
出所：厚生労働省（2014）「平成26年　就業形態の多様性に関する総合実態調査の概況　結果の概要」表14から作成。http://www.mhlw.go.jp/toukei/itiran/roudou/koyou/keitai/14/dl/02-01.pdf（最終検索日：2016年2月29日）

だけのものであって、非正社員には支給されないと思われているが、実際にはどうなのであろうか？　2014年において契約社員の42.8％、パートタイム労働者の23.9％に賞与は支払われている。しかし、退職金に関しては、契約社員14.2％、パートタイム労働者4.3％と支給率は低い。自己啓発援助制度については、契約社員もパートタイム労働者も低く抑えられている。非正社員の場合、雇用期間が短いことが多いので同制度はあっても成果をあげるには至らないことが多い。さらに正社員への転換制度は契約社員18.3％、パートタイム労働者11.7％と実施率は低い。

2）賃　金

　図表2-9は労働形態別に2014年9月の賃金を比較した表である。男性正社員、女性正社員、男性非正社員、女性非正社員、パートタイム労働者の順に賃金が低くなっており、パートタイム労働者の60％が10万円以下しか支給されていない。

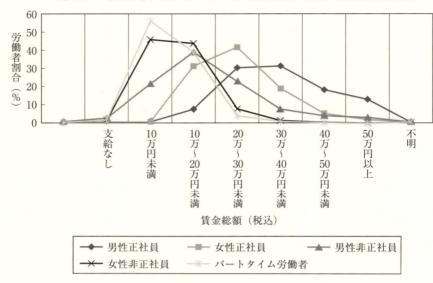

図表2-9 就業形態、性、2014年9月の賃金総額（税込）階級別労働者割合

注：「賃金総額（税込）」とは、基本給の他、残業手当、休日手当、精皆勤手当等の通常月に支給される諸手当を含み（特別に支給される賞与・一時金及び特別手当は除く）、税金、社会保険等が控除される前の総支給額をいう。
出所：厚生労働省（2014）「平成26年 就業形態の多様性に関する総合実態調査の概況：結果の概要」から作成。http://www.mhlw.go.jp/toukei/itiran/roudou/koyou/keitai/14/dl/02-01.pdf（最終検索日：2016年2月29日）

しかも正社員の賃金は、能力・実績主義ではあるが、まだまだ年功主義は残っており、勤続年数が増えると昇給することが期待できる。あるいは昇進すると給料は上がる。さらに賞与や一時金の支給制度も充実している。一方、パートタイム労働者の給料に年功主義はない。しかも、ほとんど昇進はしないので時間給も上がりにくいのである。

3）非正社員の社会保険

非正社員は企業にとって雇用コストが安い。その理由は、正社員なら当然企業が負担しなければならない社員のための社会保険料を企業が負担しなくてもよいからである。この場合の社会保険には大きくわけて3種類ある。雇用保険、健康保険、厚生年金である。これら3つについては、正社員には高い確立で適用

されている（図表2-8参照）。契約社員についてはこれら3種の社会保険制度は約8割以上の適用率である。しかしパートタイム労働者については、雇用保険60.6％、健康保険37.6％、厚生年金保険35.3％と低い適用率となっている。これが正規雇用と非正規雇用の格差を生むのである。しかも、契約社員とパートタイム労働者は企業年金や退職金の適用率も非常に低く、退職後の所得保障はこれらの制度によってカバーされていないことがわかる。

① 雇用保険

　雇用保険とは、労働者が失業した場合などに必要な給付を行い、労働者の生活および雇用の安定を図ったり、求職活動を容易にするなどその就職を促進するためにある。雇用保険が適用される事業所で働いている労働者は、一部の例外を除き強制的に被保険者になる。適用となる事業所は、労働者を使用しているほとんどの事業所である。被保険者は離職の日から1年以内に半年以上勤めていれば、原則最低90日分の「求職者給付」（金銭のみ）を受けることができ、その間に再就職先を探すことができる。自営業の人、公務員は被保険者になれない。パートタイム労働者は、所定労働時間が週20時間以上で、かつ引き続き31日以上雇用されることが見込まれれば、一般被保険者として雇用保険の適用を受ける。健康保険や厚生年金は労働時間が通常の労働時間の4分の3以上でないと加入できないが、雇用保険はパートタイム労働者に適用されやすいといえる。保険料は、会社が本人分の給料などから天引きして、会社負担分と合わせて保険者である国に払う[38]。

② 健康保険

　民間の会社で働く勤め人の業務外の疾病・負傷・死亡・出産に関して保険給付を行い、その被扶養者（配偶者、子ども、兄弟、親など）のこれらの事故に関して保険給付を行う制度である。ほぼすべての業種にわたり、常時5人以上雇っている事業所（法人の場合は5人未満でも）は強制的に健康保険が適用される事業所になる。そして、これらの適用事業所に勤務する者は、本人の意思に関係なく、すべて健康保険に加入することになっている。パートタイム労働者も、勤務時間および勤務日数が同じ業務に従事する通常の従業員のおおむね4分の3以上あれば健康保険の被保険者になる。保険料は、会社と本人が原則折半し、本人分が毎月給料から天引きされ、会社が会社負担分を足して日本年金機構の年金事務

所に納め、それが全国健康保険協会に交付される仕組みである。

　勤め人はその働いて得る給与で「扶養されている妻」や子どもなどの家族を養う。だから、勤め人に扶養されている家族は、独自の保険料を負担することなく医療保険の給付を受けることができる。

　この制度が既婚女性を低収入のパートタイム労働者に留めているとの批判がある。この場合の「扶養されている妻」は、年収130万円未満であることを意味する。パートタイム労働者である主婦の場合、1日または1週間の所定労働時間、1カ月の勤務日数がそれぞれ通常の就労者のおおむね4分の3未満のときには、その給与の額に関わらず勤め先の健康保険の被保険者になれない。かといって、年収130万円以上になると夫の被保険者から外れ、自分で保険料を払って、住んでいる市町村の国民健康保険に入ることになる。そのため、この限度額を少し超えただけだと、かえって手取り収入が減ってしまう。その結果、限度額を超えないように仕事を調整する主婦パートタイム労働者は多い。こういう仕組みが女性の社会進出の妨げになっているのである[39]。

　③　厚生年金

　人が高齢になったり、障がいをもったり、生計維持者が死亡した時、支給されるのが公的年金である。公的年金は大きく分けて、国民年金、厚生年金、共済年金の3種類がある。国民年金は20歳以上60歳未満の日本に住所のある人は外国人も含めてすべて加入する制度である。厚生年金は会社員など、民間の会社で働いている人が加入する制度である。共済年金は国家公務員、地方公務員、私立学校教職員の人たちが加入する制度である。厚生年金・共済年金加入者は、保険料の一部が自動的に国民年金に拠出されているので、手続きをしなくても国民年金に加入していることになっている。それゆえ、厚生年金・共済年金は二階建て部分と呼ばれ、老後に受け取る年金額も国民年金のみより多い（図表5-10参照）。

　日本の年金制度において、被保険者は第1号被保険者、第2号被保険者、第3号被保険者の3種類に分けられる。第1号被保険者とは国民年金のみに加入している自営業、学生、フリーター、無職の人たちであり、保険料は月額1万4,660円（2011年）である。第2号被保険者とは、厚生年金や共済年金に加入している会社員、公務員等で、保険料は給与額によって決まる。第3号被保険者とは第2号被保険者に扶養されている配偶者、つまり勤め人の妻で専業主婦であり、保

険料の負担はない。この場合、専業主婦の要件は健康保険と同じで年収130万円未満である。パートタイム労働者などで厚生年金や共済年金に加入していなくても、年収が130万円以上の場合は、国民年金の第1号として、自分で保険料を支払う必要がある。

　厚生年金への加入や保険料の支払い手続きは会社がしてくれる。保険料の半分は会社が負担し、残りの半分は本人の月給や賞与から天引きされる。フリーターやパートタイム労働者で労働時間が通常の就業者の4分の3未満の人は加入できない（また逆に、労働時間が通常の4分の3以上であれば、派遣労働者も厚生年金の対象となり、派遣元の会社〈人材派遣会社〉に加入義務がある）。つまり、週30時間に満たないパートタイム労働者の場合は、厚生年金の対象にならない。契約社員は厚生年金の適用率は83.5％であり、パートタイム労働者の適用率は35.3％である。このことから週の労働時間が30時間に満たないパートタイム労働者が多いことがわかる。（図表2-8参照）。

　非正社員の厚生年金問題として次のことがあげられる。①非正社員に厚生年金が適用されないと、国民年金の第1号被保険者（自営業・無職・フリーターを含むパートタイム労働者等）か第3号被保険者（厚生年金や共済組合に加入者の配偶者）になり、基本的に基礎年金しか支給されないので、老後の生活保証が十分でない。②現在、第3号被保険者になっているパートタイム労働者は、保険料を支払わずに基礎年金をもらっている。税制上、厚生年金を適用して保険料を払ってもらう方が、年金財政にとってプラスである。③パートタイム労働の母子家庭の母、独身のフリーターなどは第1号被保険者であり、会社の補助なしに保険料を払わなくてはならなので負担が大きい。④厚生年金に加入している夫をもつパートタイム労働の妻は、第3号被保険者（国民年金料を支払わなくてもよい）でいるために、年収が130万円以上にならないように働き方を調整しているので、女性の就労・出世の妨げになっている。

　これらの厚生年金問題が顕在化してきた背景には雇用環境の変化がある。現在の年金制度ができた1986年当時は正社員が主流で、非正規労働は女性が家計の補助のために従事すると思われていた時代であった。ところが、現在では勤め人の3分の1は非正社員であり、自営業の人を想定して作った第1号被保険者の約4割は、今や非正社員の人たちであり、制度が合わなくなってきているのだ。非

正社員の人たちには国民年金に加入していない人や国民年金保険料を滞納している人も多い。その人たちが厚生年金に加入できれば、そういうことはなくなるし、給与が低い場合には会社が保険料の半分を負担してくれるので本人の保険料の負担は減額され、老後の年金額は増額される。その方が年金財政にも有益である[40]。

3. 女性に非正社員が多い理由

非正社員は正社員に比べて処遇に改善されるべき点が多いが、どうして多くの女性は非正社員に甘んじているのであろうか？

（1）企業側の要因

図表2-10は主な就業形態別活用理由を示している。契約社員の場合、2014年において、①専門的業務に対応させるため（49.9%）、②即戦力・能力のある人材を確保するため（38.7%）、③賃金の節約のため（28.1%）、④正社員を確保できないため（21.9%）、⑤正社員を重要業務に特化させるため（17.0%）⑥高齢者の再雇用対策のため（14.6%）⑦景気変動に応じて雇用調整するため（14.1%）、が主な理由である。特徴となるのは、企業側は専門的業務に対応できる人材をすぐに雇用できるというメリットがある点である。そういう人材は賃金が高いのであるが、有期雇用であり、結果的には人件費削減ができる。さらに企業で定年を迎えた高齢者の再雇用のためにも役立っている。

派遣労働者の場合、①即戦力・能力のある人材を確保するため（34.5%）、②正社員を確保できないため（33.0%）③臨時的・季節的・業務量の変化に対応するため（28.7%）④専門的業務に対応するため（28.2%）⑤景気変動に応じて雇用調整をするため（26.3%）⑥育児・介護休業の代替のため（21.9%）⑦正社員を重要業務に特化させるため（20.3%）、となっている。企業側は即戦力になる優秀な人材は欲しいが、必要がない時は雇用する必要がないので人件費削減につながっている。

パートタイム労働者の場合、①賃金の節約のため（41.5%）、②1日・週の仕事の繁閑に対応するため（39.5%）、③長い営業時間に対応するため（25.0%）、

図表 2-10　主な正社員以外の就業形態の労働者を活用する理由別事業所割合
　　　　　（事業所規模 5 人以上の民営事業所、複数回答）

① 契約社員を活用する理由
　（契約社員（専門職）がいる事業所のうち、回答があった事業所＝100）

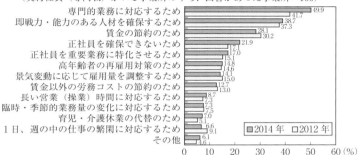

② 派遣労働者を活用する理由
　（派遣労働者（受け入れ）がいる事業所のうち、回答があった事業所＝100）

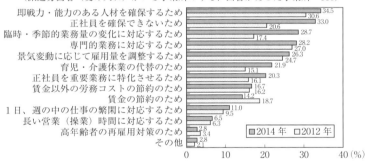

③ パートタイム労働者を活用する理由
　（パートタイム労働者がいる事業所のうち、回答があった事業所＝100）

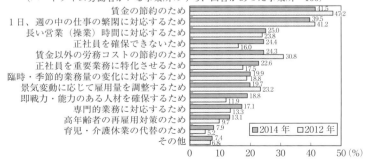

出所：厚生労働省（2016）「平成 26 年　就業形態の多様性に関する総合実態調査の概況」
　　　http://www.mhlw.go.jp/toukei/itiran/roudou/koyou/keitai/14/dl/gaikyo.pdf
　　　（最終検索日：2016 年 2 月 29 日）

④正社員を確保できないため（24.4%）⑤賃金以外の労務コストの節約のため（24.3%）⑥正社員を重要業務に特化させるため（22.6%）⑦臨時・季節的業務量の変化に対応するため（19.9%）、であった。①と⑤の理由をみると、パートタイム労働者が企業にとって、いかにコストダウンにつながっているかがわかる。そして、②③⑦からはパートタイム労働者のフレキシビリティーが企業に好都合であることが理解できる。⑤はパートタイム労働者には社会保険制度が適用されない場合が多く、企業にとっては社会保険料の事業主負担分が節約できるのである。その上、非正社員は企業が独自にもっている福祉制度から排除されていることが多い。すなわち、社宅、企業年金、退職金などの恩恵を受ける可能性が少ないのである。

　以上のように企業にとってコスト削減というメリットのある非正社員であるが、正社員と比べて愛社精神や責任感の欠如、知識や技術を社内に蓄積しづらいというデメリットがある。

（2）労働者側の要因

　雇用する企業側にとって非正社員が雇用コストが削減できるというメリットのあるものだということはわかったが、女性が非正社員を供給するから、女性の非正社員が多いのである。なぜ、女性は非正社員に甘んじるのであろうか？

　2014年の厚生労働省の「就業形態の多様化に関する総合実態調査」（図表2-11）によると、女性労働者で非正規労働を選んだ理由（複数回答3つまで）は、①自分の都合のよい時間に働けるから（40.6%）、②家計の補助、学費等を得たいから（38.2%）、③家庭の事情（家事・育児・介護等）と両立しやすいから（35.9%）、④通勤時間が短いから（26.6%）、⑤自分で自由に使えるお金を得たいから（21.1%）、⑥勤務時間や労働日数が短いから（15.9%）⑦正社員として働ける会社がなかったから（15.6%）⑧専門的な資格・技能を活かせるから（15.4%）⑨より収入の多い仕事に従事したいから（7.5%）⑩他の活動（趣味や学習等）と両立しやすいから（6.6%）⑪簡単な仕事で責任も少ないから（5.9%）⑫就業調整をしたいから（5.2%）⑬体力的に正社員として働けないから（2.9%）⑭組織に縛られたくなかったから（2.2%）となっている。

　これらの理由を検証すると、女性の場合、「非正社員を自ら選んだ」と思われ

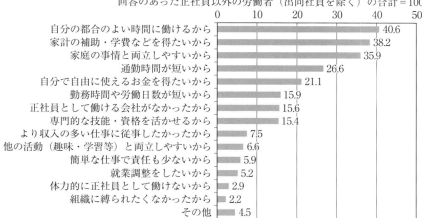

図表2-11　非正規労働を選んだ理由別労働者割合（女性）（複数回答3つまで）（単位：%）

出所：厚生労働省（2014）「平成26年　就業形態の多様性に関する総合実態調査の概況」から作成。http://www.mhlw.go.jp/toukei/itiran/roudou/koyou/keitai/14/dl/02-02.pdf（最終検索日：2016年2月29日）

るのは、①③⑤⑥⑩⑪⑫⑬⑭である。一方、正社員になりたいのになれなかったことを示すのは⑦である。これらの割合を見てみると、非正社員を自ら選んだと思われる女性が多いようである。

　では次に、女性の非正社員の今後の働き方に対する希望を検証する。厚生労働省同調査によると「現在の就業形態を続けたい」は68.7%、「他の就業形態に変わりたい」は30.6%であった。男女混合のデータしかないが、非正社員の形態別に「現在の就業形態を続けたい」の割合を検証すると、契約社員（43.7%）、派遣社員（43.7%）であるのに対し、パートタイム労働者（73.4%）は継続希望者率が高いことがわかる。

　同じく厚生労働省の調査によると、非正社員で「他の就業形態に変わりたい」女性労働者の89.5%が「正社員」を希望している。正社員になりたい理由は（複数回答3つまで）①より多くの収入を得たいから（81.7%）②正社員の方が雇用が安定しているから（75.0%）③家庭の事情（家事・介護・育児等）の制約がなくなる（なくなった）から（21.6%）④より経験を深め視野を広げたいから（21.3%）⑤自分の意欲と能力を十分に活かしたいから（21.3%）⑥キャリアを高

めたいから（12.8%）⑦専門的な資格・技能を活かしたいから（11.6%）となっている[41]。

　以上のデータから、「正社員のメリットはわかっていながら、多くの場合自ら進んで非正社員（そのうち70%はパートタイム労働者）に従事している女性労働者」の像が浮かんできた。ではなぜ、女性はパートタイム労働を選ぶのか？

　第1にあげられるのが、伝統的な男女の役割意識である。図表2-12は「夫は外で働き、妻は家庭を守る」という伝統的な価値観や男女の役割分担意識の考えを持つ男女の比率を表している。男女全体について1992年の60.1%（「賛成」と「どちらかといえば賛成」を足した小計）からは低下しているが、2012年時点で51.6%を占めている。伝統的な価値観や男女の役割分担意識は薄れつつはあるがまだ健在である。男女別で見てみると、男性55.1%、女性48.4%と男性の方が伝統的な価値観をもっている割合は高い。

　第2に、家事・育児・介護を要する家庭においては、夫婦の一方が時間的に余裕のあるパートタイム労働に従事した方がスムーズにことが運ぶであろうことは想像に容易い。伝統的男女役割分担意識が残っている場合もあるし、男性の働き過ぎが育児・家事の時間を制約している場合もある。その結果、女性が仕事を第一とは考えず二の次と考える人が増え、パートタイム労働を選ぶこととなる。

　第3に、女性が大学卒業時以外に就職する場合の正社員になることの難しさがある。一般職に就く女性の場合、昇進が制限されたり、単純作業に限られていたり、賃金も高くなく、キャリアを探求するほどの魅力に欠けると判断して、結婚や出産と同時に仕事を辞めてしまう女性が多い。一方、総合職においても、出張、転勤、残業が多く男性並みに頑張りすぎて燃え尽きてしまう女性や家庭との両立が難しく辞めてしまう女性がいる。どちらの場合も、女性が一度正社員の座を明け渡すと正社員に復職するのは想像以上に難しい。特に35歳を過ぎて再就職を希望する女性にとって、正社員への道はよほどの経験や技術がない限りは厳しい。2007年に「改正雇用対策法」が施行されて、今まで努力目標だった人員募集・採用における年齢制限が禁止になったが、現状では年齢制限禁止に違反したからといって罰則が決められているわけではない。また、仕事から離れていたブランク期間が長い場合も正社員復職は難しい。結果、正社員復職が難しいという理由でパートタイム労働に従事する女性が多いのである。

第2章 働く 47

図表2-12 「夫は外で働き、妻は家庭を守るべきである」という考え方について（2012年）

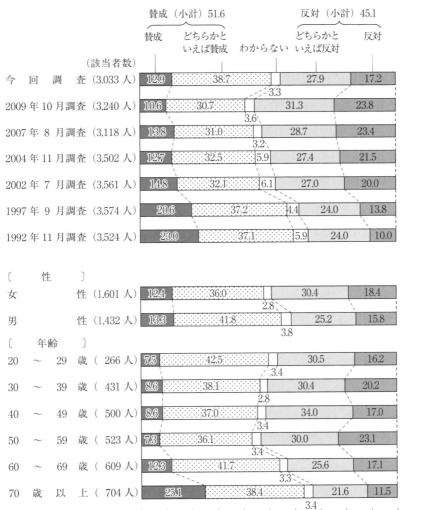

出所：内閣府（2012）「男女共同参画社会に関する世論調査」（平成24年10月調査）
http://www.gender.go.jp/public/kyodosankaku/2012/201303/201303_05.html
（最終検索日：2016年2月29日）

第4に、夫の所得の高低によって妻の就業形態が変わることはよくあることである。夫の所得が生活するのに十分であれば、妻の働く意欲は高くないであろうが、夫の所得が低い場合、妻はフルタイムで働くことが必要である。その中間である家計補助という目的のためにはパートタイム労働が好都合なのである。

　第5に、日本の税制や社会保険制度が、既婚女性のパートタイム労働を促しているのである。妻の年収が103万円未満であれば、所得税の配偶者控除を受けることができ、妻の年収が130万円未満であれば、妻の健康保険や年金といった社会保険料が免除されるのである。実際、サラリーマンの配偶者である主婦の場合、年収103万円未満であれば、所得税も国民年金も健康保険料も払わず、手取り収入は103万円である。年収129万円であれば、所得税3.9万円を支払い、手取り収入は125.1万円になる。ところが収入が130万円になると、所得税4.05万円、国民年金約18万円、さらに健康保険料を支払うことになり、手取り収入は107万円を下回るのである。よって、既婚女性のうち、非課税、保険料免除のために労働時間を短縮している人はかなりいると予想されるのである。

4. 働き方でかわる生涯賃金

（1） 生涯賃金格差

　前述した雇用条件を実際に各種類のライフプランに適用すると生涯収入に格差がでてくる。それではライフコース別に、生涯賃金格差を見てみる。以下のデータは男女別、年齢階級別、勤続年数別、一般労働者、短時間労働者別の平均賃金から算出した。年金月額は2008年度時点の給付水準で計算した。

① 「生涯正社員」
② 「30歳で正社員退職子育て後40歳で正社員に再就職して59歳で退職」
③ 「30歳で正社員退職子育て後40歳で非正社員に再就職して（週25時間労働　国民年金に加入）59歳で退職」
④ 「30歳で正社員退職してその後働かない」
⑤ 「20～59歳まで非正社員（週40時間労働　厚生年金加入）」
⑥ 「20～59歳まで非正社員（週25時間労働　国民年金加入）」

の5種類である。それぞれのライフコースの生涯収入や65歳からの年金受給額にかなりの差がでてくる。

① 生涯収入約1億7,800万円　65歳からの年金受給額　年約175万円
② 生涯収入約9,100万円　65歳からの年金受給額　年約128万円
③ 生涯収入約5,500万円　65歳からの年金受給額　年約95万円
④ 生涯収入約3,000万円　65歳からの年金受給額　年約95万円
⑤ 生涯収入約8,200万円　65歳からの年金受給額　年約124万円
⑥ 生涯収入約5,200万円　65歳からの年金受給額　年約89万円[42]

生涯正社員コースと出産後専業主婦コースでは約1億4,800万円の賃金格差がでてくる。生涯正社員の女性が出産休業・育児休業をとれば子どもの数に応じて生涯収入は減額されるが、経済的なことだけを単純にみると、一生正社員で働き続けるのが一番メリットが大きいということがわかる。次にそれぞれの働き方の長所と短所を検討する。

① 「生涯正社員」
　メリット　：収入が多い。退職金もあり年金額も多く、経済的に最も安心である。この額はあくまでも平均であるので総合職になり昇進をして役職に就いていれば、昇給の可能性も高くなる。
　デメリット：育児期間中の残業対策や経済的なやりくりが大変である。総合職の場合、転勤の可能性もある。
　アドバイス：残業、総合職なら転勤の可能性に備えて育児支援サービスを見つける。そのために出費が増えても、一時的な投資とわりきる気持ちも大切。夫の協力体制も必要である。また、雇用状況に応じて、正社員といえどもリストラ・減給の危機もあるのでスキルアップなど努力は必要である。出産休暇、育児休暇が終わって仕事が続けやすいかどうかは、休暇前実績と築いてきた信頼による。「戻って欲しい社員」になる努力が必要なのである。育児制度利用は働く者の権利ではあるが、キャリアを考えると最大限利用することがデメリットにもなりうる。

② 「出産退職後正社員復帰」
　メリット　：子育てが終わって仕事復帰するので、子どもと関わる時間を多

くとることができる。安定した収入が得られる。働いている間の収入が多いため、年金額も多い。
デメリット：再就職で正社員になるのは難しい。
アドバイス：子育て中も無意味なブランクにならないように資格取得などスキルアップを怠らない。正社員復帰が難しければ、最初は派遣労働や契約労働で働きだして足ならしをしておくことが大切。会社によっては出産退職する前の職場で実績があれば正社員復帰ができる制度がある。しかし、あまりブランクが長すぎると再就職は難しい。

③ 「出産退職後非正社員復帰」
メリット　：正社員に比べて労働時間に余裕があるため、子育て、趣味、資格取得などに時間を確保しやすい。時間的にゆとりがある分、精神的なゆとりはもちやすい。主たる生計者がいて、収入より趣味や育児にかける時間が大切という人には最適である。
デメリット：収入が少なく貯蓄がしにくい。収入が安定せず、ライフプランが立てにくい。年金受給額も少ない
アドバイス：収入が増えないことや不安定であることを前提に貯蓄をすること。主な生計者の存在がいなくなった時のリスクに備える。年金の受給額を増やすように厚生年金保険に加入できる働き方をする（正社員の4分の3以上の労働時間必要）。

④ 「出産退職後専業主婦」
メリット　：出産時に退職するので子どもと関わる時間を多くとることができる。
デメリット：経済的に自立できない。年金の受給額が少ない。
アドバイス：再就職を望むならスキルアップを心がける。起業、趣味をいかしたサロン経営のための勉強なども可能である。老後の資金の早期準備が必要である。

⑤ 「生涯非正社員（厚生年金）」
メリット　：残業や転勤がない。
　　　　　　仕事内容に責任が伴わない。

デメリット：長く働いても給与上昇率は低い。
　　　　　　20〜59歳まで途切れずに仕事があるかの見通しがたちにくい。
アドバイス：週に40時間も働くのであれば、できるだけ正社員になれる道を模索してみる。

⑥ 「生涯非正社員（国民年金）」

メリット　：労働時間に余裕があるため、家庭の事情に合わせて働く時間を調整しやすい。子育てや趣味、資格取得などに時間を充てやすい。
デメリット：収入が少ないので貯蓄がしにくい。
　　　　　　収入が安定せずライフプランがたてにくい。
　　　　　　年金受給額が少ない。
アドバイス：老後の資金準備を早期にしておく。

　女子大生に人気のある「子育て後再就職コース」だと、正社員に再就職なら②（生涯収入約9,100万円）に、パートタイム労働や派遣労働であったら③（生涯収入約5,500万円）になる。現状の社会保険の専業主婦の恩恵を受けるため、103万円を超えない働き方をすると表向きは専業主婦なので④（約3,000万円）となる。②と④では約6,000万円以上の差ができることになる。

　「正社員の処遇を受けたい」と「子どもは自分で育てたい」は多くの女性が思うことである。となると、②コースが人気となってくる。しかし、正社員復帰は予想以上に難しい。2007年に「改正雇用対策法」が施行されて、従業員の募集・採用を行う際の年齢制限は禁止されてはいるが、実績や専門的な知識がなくて35歳を超えると正社員になるのは難しいと言われている。一層の計画性のあるライフプランが必要になってくるであろう。

〔注〕
1)　国立社会保障・人口問題研究所（2006）「日本の将来推計人口（平成18年12月推計）」
　　http://www.ipss.go.jp/pp-newest/j/newest03/newest03.pdf（最終検索日：2016年2月29日）
2)　国立社会保障・人口問題研究所（2012）「日本の将来推計人口（平成24年1月推計）」
　　http://www.ipss.go.jp/syoushika/tohkei/newest04/point.pdf（最終検索日：2016年2月29日）

3) 厚生労働省（2015）「『非正規雇用』の現状と課題」
http://www.mhlw.go.jp/file/06-Seisakujouhou-11650000-Shokugyouanteikyokuhakenyukiroudoutaisakubu/0000103648.pdf（最終検索日：2016年2月29日）
4) 内閣府共生社会政策統括官（2015）「平成27年版　高齢社会白書」（概要版）
http://www8.cao.go.jp/kourei/whitepaper/w-2015/html/gaiyou/s1_1.html（最終検索日：2016年2月29日）
5) ゴールドマンサックス（2014）「ウーマノミクス4.0 今こそ実行の時」（短縮版）p.5.
http://www.goldmansachs.com/japan/our-thinking/pages/womenomics4.0-2014/womenomics4.0.pdf（最終検索日：2016年2月29日）
6) 内閣府男女共同参画局（2010）「平成22年版　男女共同参画白書」
http://www.gender.go.jp/whitepaper/h22/zentai/html/honpen/b1_s00_04.html（最終検索日：2016年2月29日）
7) 日本経済新聞電子版2011年2月23日
8) 総務省統計局（2013）労働力調査ミニトピックスNo.8
http://www.stat.go.jp/data/roudou/tsushin/pdf/no08.pdf（最終検索日：2016年2月29日）
9) 内閣府男女共同参画局（2010）「平成22年版　男女共同参画白書」特集編　女性の活躍と経済・社会の活性化
http://www.gender.go.jp/about_danjo/whitepaper/h22/zentai/pdf/H22-1-2.pdf（最終検索日：2016年2月29日）
10) 内閣府男女共同参画局（2015）「平成27年版　男女共同参画白書」（概要版）
http://www.gender.go.jp/about_danjo/whitepaper/h27/gaiyou/html/honpen/b1_s02.html（最終検索日：2016年2月29日）
11) 厚生労働省（2011）「平成23年版　働く女性の実情」（概要版）
http://www.mhlw.go.jp/bunya/koyoukintou/josei-jitsujo/dl/11gaiyou.pdf（最終検索日：2016年2月29日）
12) 佐藤博樹（2011）「ダイバーシティーとダイバーシティーマネージメント」朝日新聞ダイバーシティープロジェクト
https://www.asahi.com/diversity/keyword/diversity.html（最終検索日：2012年1月）
13) 三菱UFJリサーチ＆コンサルティング（2009）「平成20年度　両立支援に係る諸問題に関する総合的調査研究」（子育て期の男女へのアンケート調査及び短時間勤務制度等に関する企業インタビュー調査）報告書　p.56.
http://www.mhlw.go.jp/houdou/2009/09/dl/h0929-1b.pdf（最終検索日：2016年2月29日）
14) 厚生労働省（2005）「平成16年版　働く女性の実情」（概要版）
http://www.mhlw.go.jp/houdou/2005/03/h0328-7a.html（最終検索日：2016年2月29日）
15) 内閣府（2012）「男女共同参画会議　基本問題・影響調査専門調査会　報告書」p.51.
http://www.gender.go.jp/kaigi/senmon/kihon/kihon_eikyou/pdf/spinv_frep_1-2.pdf（最

16) 同上、p.52.
http://www.gender.go.jp/kaigi/senmon/kihon/kihon_eikyou/pdf/spinv_frep_1-2.pdf（最終検索日：2016 年 2 月 29 日）
17) 三菱 UFJ リサーチ＆コンサルティング、前掲報告書、p.56.
http://www.mhlw.go.jp/houdou/2009/09/dl/h0929-1b.pdf（最終検索日：2016 年 2 月 29 日）
18) 内閣府ホームページ（2015）内閣府の政策／子ども子育て本部／少子化対策／夫の協力
http://www8.cao.go.jp/shoushi/shoushika/data/ottonokyouryoku.html（最終検索日：2016 年 2 月 29 日）
19) 厚生労働省（2015）「保育所等関連状況取りまとめ（平成 27 年 4 月 1 日）及び『待機児童解消加速化プラン』集計結果を公表」
http://www.mhlw.go.jp/stf/houdou/0000098531.html（最終検索日：2016 年 2 月 29 日）
20) 日本経済新聞　2011 年 10 月 12 日夕刊
21) 日経 BP 社（2009）『日経 WOMAN 2009 年 10 月号』p.88.
22) 内閣府（2012）「男女共同参画社会に関する世論調査」（平成 24 年 10 月調査）
http://www.gender.go.jp/public/kyodosankaku/2012/201303/201303_05.html（最終検索日：2016 年 2 月 29 日）
23) 内閣府男女共同参画局（2012）「政治分野における女性の参画拡大のためのポジティブ・アクション」
http://www.gender.go.jp/policy/positive_act/pdf/positive_action_016.pdf（最終検索日：2016 年 2 月 29 日）
24) 内閣府男女共同参画局（2015）「平成 27 年版　男女共同参画白書」（概要版）
http://www.gender.go.jp/about_danjo/whitepaper/h27/gaiyou/html/honpen/b1_s02.html（最終検索日：2016 年 2 月 29 日）
25) 内閣府男女共同参画局（2011）「平成 23 年版　男女共同参画白書」（PDF 版）第 1 部　男女共同参画社会の形成の状況　特集編　ポジティブ・アクションの推進―「2020 年 30％」に向けて―　p.7.
http://www.gender.go.jp/whitepaper/h23/zentai/pdf/h23_001.pdf（最終検索日：2016 年 2 月 29 日）
26) 同上、p.14.
http://www.gender.go.jp/whitepaper/h23/zentai/pdf/h23_001.pdf（最終検索日：2016 年 2 月 29 日）
27) 内閣府男女共同参画局（2011）「平成 23 年版　男女共同参画白書」第 2 節　世界のポジティブ・アクション
http://www.gender.go.jp/whitepaper/h23/zentai/html/honpen/b1_s00_02.html（最終検索日：2016 年 2 月 29 日）

28) 東洋経済新報社（2011）『週刊東洋経済 2011 年 10 月 5 日号』p.37.
29) 日本生産性本部（2015）「日本の生産性の動向 2015 年版」p.30.
   http://www.jpc-net.jp/annual_trend/（最終検索日：2016 年 2 月 29 日）
30) 厚生労働省（2015）厚生労働省ホームページ
   http://www.mhlw.go.jp/stf/seisakunitsuite/bunya/kodomo/shokuba_kosodate/kurumin/
   （最終検索日：2016 年 2 月 29 日）
31) 社会保険労務士会連合会シンポジウム（2011）「中小企業と『人を大切にする経営』」2011 年 11 月 7 日
32) 橘木俊詔（2008）『女女格差』東洋経済新報社　p.223.
33) 同上、p.228.
34) 厚生労働省（2005）「平成 16 年度　コース別雇用管理制度の実施・指導等状況」
   http://www.mhlw.go.jp/houdou/2005/08/h0808-1.html（最終検索日：2016 年 2 月 29 日）
35) 厚生労働省（2010）「平成 22 年　就業形態の多様化に関する総合実態調査の概況：結果の概況」
   http://www.mhlw.go.jp/toukei/list/5-22b.html（最終検索日：2016 年 2 月 29 日）
36) マネー用語辞典　m-Words（2007）　「パートタイム労働者」(株) GOGA
   http://m-words.jp/w/%E3%83%91%E3%83%BC%E3%83%88%E3%82%BF%E3%82%A4%
   E3%83%A0%E5%8A%B4%E5%83%8D%E8%80%85.html（最終検索日：2016 年 2 月 29 日）
37) 厚生労働省（2015）厚生労働省ホームページ
   http://www.mhlw.go.jp/topics/2007/06/tp0605-1e.html（最終検索日：2016 年 2 月 29 日）
38) 椋野美智子・田中耕太郎（2011）『はじめての社会保障　第 8 版』有斐閣　p.191.
39) 同上、p.24.
40) 同上、p.160.
41) 厚生労働省（2015）「平成 26 年　就業形態の多様性に関する総合実態調査の概況」
   http://www.mhlw.go.jp/toukei/itiran/roudou/koyou/keitai/14/dl/gaikyo.pdf（最終検索日：2016 年 2 月 29 日）
42) ダイヤモンド社『週刊ダイヤモンド 2008 年 3 月 8 日号』pp.32〜33.

第3章

結　　婚

1. 晩　婚　化

　日本での結婚事情を表す言葉として「未婚化」「晩婚化」「非婚化」「諦婚化」などがよく聞かれる。現実はどうなのであろうか？

　国立社会保障・人口問題調査研究所の2015年版『人口統計資料集』によると2009年における日本人男性の平均初婚年齢は30.9歳、女性29.3歳である。この20年間で男性で約2.5歳、女性で約3.2歳も平均初婚年齢は上昇している。恋愛結婚における初婚時平均交際期間も2010年に4.26年[1]と、同時期に1.5年長くなっている。最近の傾向として付き合ったら即結婚というのではなく、「恋人時代の長期化」傾向があることがわかる。平均的な結婚経過をたどると、女性は25歳で結婚相手と出会って4年間交際し28歳で結婚し、男性は26歳で出会って30歳後半で結婚するということになる。

2. 未　婚　化

（1）未婚率の増加

　図表3-1は日本の未婚率の変化を示している。男性25～29歳で未婚率が1970年の50%弱から2010年の71.1%に上昇し、女性で20%弱から59.9%に上昇している。30～34歳で同時期、男性で10%強から46.5%、女性で10%弱から33.3%へと上昇、50歳で同時期、男性で1%強から19.4%、女性で3.3%から

図表 3-1　日本の年齢別未婚率の推移

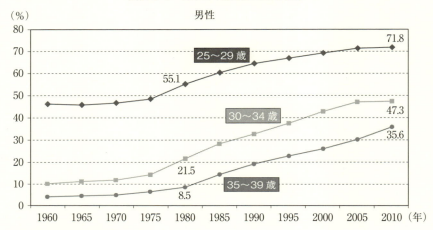

資料：総務省「国勢調査」
注：1960～1970 年は沖縄県を含まない。

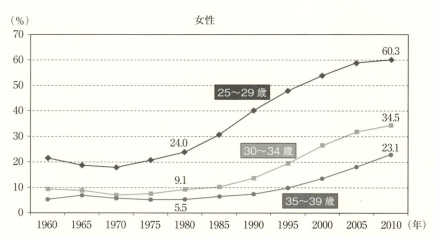

資料：総務省「国勢調査」
注：1960～1970 年は沖縄県を含まない。

出所：内閣府（2015）「平成 27 年度版　少子化社会対策白書」（全体版〈HTML 形式〉）
http://www8.cao.go.jp/shoushi/shoushika/whitepaper/measures/w-2015/27webho
npen/html/b1_s1-1-3.html（最終検索日：2016 年 2 月 29 日）

9.8％に上昇している。これは、未婚化が進んでいる事実をあらわしている。

　しかし、それらの未婚の人に結婚願望がないかといえばそうではないのである。図表3-2は独身者の結婚の意思を示している。男性も女性も1987年より2010年において数字は少し減少するが、約90％の人が「いずれ結婚するつもり」と答えている。

　どうも結婚そのものの魅力がなくなっているわけではなさそうである。ただ、「いずれ結婚するつもり」と答えた割合が1987年から2010年に男性が91.8％から86.3％と約5.5％の下落であり、女性の同時期3.5％の下落に比べて下落率が大きい。ある。よって、男性の方により未婚、非婚傾向が強まっていることが言えるであろう。

図表3-2　独身者の結婚の意志

	生涯の結婚意思	第9回 (1987年)	第10回 (1992年)	第11回 (1997年)	第12回 (2002年)	第13回 (2005年)	第14回 (2010年)
男性	いずれ結婚するつもり	91.8％	90.0	85.9	87.0	87.0	86.3
	一生結婚するつもりはない	4.5	4.9	6.3	5.4	7.1	9.4
	不詳	3.7	5.1	7.8	7.7	5.9	4.3
	総数（18～34歳）(集計客体数)	100.0％ (3,299)	100.0 (4,215)	100.0 (3,982)	100.0 (3,897)	100.0 (3,139)	100.0 (3,667)
女性	いずれ結婚するつもり	92.9	90.2	89.1	88.3	90.0	89.4
	一生結婚するつもりはない	4.6	5.2	4.9	5.0	5.6	6.8
	不詳	2.5	4.6	6.0	6.7	4.3	3.8
	総数（18～34歳）(集計客体数)	100.0％ (2,605)	100.0 (3,647)	100.0 (3,612)	100.0 (3,494)	100.0 (3,064)	100.0 (3,406)

注：対象は18～34歳未婚者。
設問　「自分の一生を通じて考えた場合、あなたの結婚に対するお考えは、次のうちのどちらですか」（1．いずれ結婚するつもり、2．一生結婚するつもりはない）。
出所：国立社会保障・人口問題研究所（2010）「第14回　出生動向基本調査」
　　　http://www.ipss.go.jp/ps-doukou/j/doukou14_s/chapter1.html#11a
　　　（最終検索日：2016年2月29日）

(2) 未婚化の原因

次に、見合い結婚と恋愛結婚の割合を図表 3-3 で検証する。2010 年の調査では恋愛結婚 88.0％で見合い結婚 5.3％であった。65 年前の 1945 年時には見合い結婚が約 60％、恋愛結婚が約 20％であったことを考えると割合は逆転している。これからもこの傾向は続くであろう。現在は人のプライバシーに介入することを極端に嫌う時代である。一昔前なら、近所あるいは親戚の誰かが適齢期の未婚者の結婚相手を見つけてくれたのだが、今は隣人が未婚なのか既婚なのかあまり気にしない。要するに、自分で結婚相手は探す時代になっているのである。

未婚化の原因に「男性の草食系化」があげられることが多い。「草食男子」とは、この言葉の生みの親、コラムニスト深沢真紀によると、「恋愛に『縁がない』わけではないのに『積極的』ではない、『肉』欲に淡々とした男子」と定義していた。後に、「心が優しく、男らしさに縛られておらず、恋愛にガツガツせず、

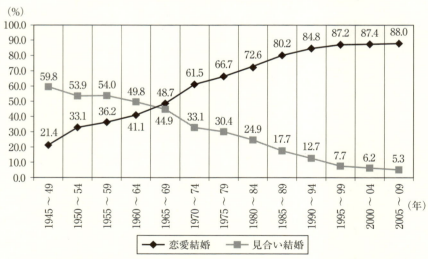

図表 3-3　結婚年次別にみた恋愛結婚・見合い結婚構成の推移

注：初婚同士の夫婦について調査したもの。「その他、不詳」と回答した人もいるため、「恋愛結婚」と「見合い結婚」の和が 100％にならない。
資料：国立社会保障・人口問題研究書（2010）「第 14 回　出生動向基本調査（夫婦調査）」
出所：厚生労働省（2014）「平成 27 年版　厚生労働白書 ― 人口減少社会を考える」p.72
　　　http://www.mhlw.go.jp/wp/hakusyo/kousei/15/（最終検索日：2016 年 2 月 29 日）

傷ついたり傷つけたりすることが苦手な男子のこと」とより広い意味をもつ言葉に変わりつつある。しかし、現実には、「傷つきたくないために他人と距離をとりすぎ円満な人間関係を持てない男性」「恋愛において受け身な男性」ひいては「自分の世界に閉じこもる男性」「コミュニケーション能力の低い男性」といったネガティブな意味をもつこともある。「恋愛において男性がリーダーシップを持ってほしい」という従来の価値観をもつ女性にとっては、男性の草食化は恋愛関係を保つことを困難にする一因になっている。

　日本の男性はいつから草食化したのであろうか？　私には、もともと日本の男性は草食系の素地をもっていたのであって、「恋愛しながら男女関係を切磋琢磨していく」という西洋の文化は持ち合わせていなかったように思える。高いコミュニケーション能力をもたなくても、「以心伝心」「秘すれば花」などのことわざに見られるように「多言な男性は嫌われる日本文化」に支えられ、草食系DNAは受け継がれてきた。それでも「見合い結婚」という制度があり、適齢期の男女には社会から「結婚をしないと信用を築けない」という無言の圧力がかかり、適齢期がくればコミュニティーのだれかが紹介してくれた相手と結婚すれば良かったのだ。しかし、今や、誰もが他人のプライバシーに立ち入らなくなり、コミュニティーや紹介してくれる人もいなくなり、見合い制度も存続の危機にひんしている。その結果、自力で相手を見つけることが困難な男性は未婚のままで社会問題化してきているのである。

　企業風土の変化も未婚率上昇に一役かっている。日本の企業では、バブルの頃までは（1990年頃）女性一般職が大量採用され、社内結婚も奨励されていた。結婚する女性に寿退社をさせるため圧力がかかることも多々あったようだ。その結果、職場には新卒女性が定期的に供給され、社内結婚も多くなるという環境であった。要するに、企業が社内に結婚奨励システムをもっていたということになる。しかし、現在では、女性活用が叫ばれ、結婚や出産後の継続雇用に向けた環境が整った。女性社員が大量に雇用され寿退社していくというサイクルは機能しなくなったのだ。さらに、外部労働力の活用が進み、一般職の新卒採用は絞られ、バブル期に見られた会社内での「出会い」の機会は著しく減ったのである。

　「コミュニケーション能力の低下」も影響を与えている。NHKの未婚社会を題材にしたテレビの座談会で、未婚男性が「積極的に女性を誘ったらセクハラで

訴えられそうで怖い」と話していた。相手の反応を見ながら行動することが難しいのだ。もちろん、相手の女性の表現がまぎらわしい場合もあるであろう。しかし、今や、全国の花婿学校では、「女性と目があったら視線をそらしてはいけない」と教える時代である。コミュニケーション能力の低下は男女どちらの問題でもあるが、男性により顕著に表れているように思える。

　さらに、適齢期を迎えている世代は「核家族・少子時代」で育った世代であり、育ってくる環境で1人部屋を与えられ、自分だけが占有できるものに囲まれて育った。実家で暮らしている人も多く、1人暮らしより負担する家賃、光熱費は少なく抑えられ、趣味に費やす時間とお金も多い。彼らが「常に2人一緒の生活は嫌」「趣味の時間を制限されたくない」「1人でも不自由しない」と思っても不思議ではない。

3. 結婚に何を求めるか？

（1）家族、子どもは大切

　しかし、最も大きな未婚化の原因は、「男性の求めているものと女性の求めているもの」のギャップなのである。図表3-4は、男女が何を結婚することの利点を示したグラフである。これらの項目で、1987年の第9回調査から2010年の第14回調査までで変化の大きかったものを考察する。まず、割合が上がったものは男性も女性も「子どもや家族をもてる」である。男性は20％から33.6％に、女性は32％から47.7％に上昇し結婚の利点の第1位になっている。その背景に最近の「授かり婚の上昇」があげられると同志社大学教授橘木俊詔は指摘する。結婚前に妊娠、あるいは出産し、その後結婚するケースが増加しているが、こういう人にとっては「子どもをもつ」という事後的な事実を、結婚の利点として回答する確率が高まるというのである[2]。もう1つ、女性で上昇したものに「経済的余裕がもてる」（7％→15.1％）がある。これに関しては、1990年代に入ってバブルがはじけて雇用条件が悪化する中、仕事で苦労するより、経済力のある男性に養ってもらいたいという「新専業主婦志向」の女性にとって必要な利点であるし、自分の稼ぎだけで生活が苦しい人にも必要な利点である。

第3章 結　　婚　61

図表3-4　調査別にみた結婚することの利点

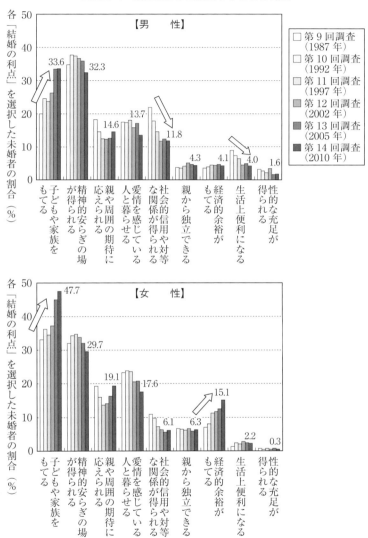

注：18〜34歳未婚者のうち何%の者が、各項目を主要な結婚の利点（2つまで選択）として考えているかを示す。

出所：国立社会保障・人口問題研究所（2010）「第14回　出生動向基本調査　結婚と出産に関する全国調査　独身者調査の結果概要」
http://www.ipss.go.jp/ps-doukou/j/doukou14_s/chapter1.html#12a
（最終検索日：2016年2月29日）

図表 3-5　調査別にみた、結婚相手の条件として考慮・重視する割合の推移

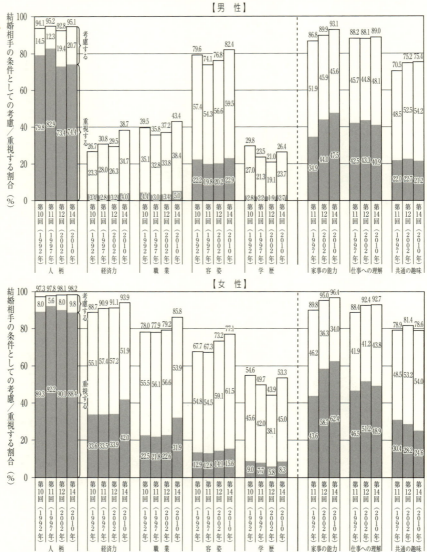

注：対象は「いずれ結婚するつもり」と答えた 18 ～ 34 歳未婚者。
設問　「あなたは結婚相手を決めるとき、次の①～⑧の項目について、どの程度重視しますか。それぞれあてはまる番号に○をつけてください」（1. 重視する、2. 考慮する、3. あまり関係ない）。
出所：国立社会保障・人口問題研究所（2010）「第 14 回　出生動向基本調査　結婚と出産に関する全国調査」http://www.ipss.go.jp/ps-doukou/j/doukou14_s/chapter3.html#33（最終検索日：2016 年 2 月 29 日）

反対に減少したものは男性も女性も「社会的信用や対等な関係が得られる」（男性22%→11.6%、女性11%→6.1%）である。一昔前、女性の適齢期はクリスマスケーキや年越しそばに例えられ、男性は結婚しないと社会的に信用を得られないという時代があったのだが、現在は多様な生き方が認められるようになったということを示している。男性のみの減少した利点は「生活上便利になる」（9%→4%）である。現在は男性も家事の協力が求められているので、結婚したからといって便利にはならないことを示している。

（2） 男性は容姿、女性は経済力を重視

　次に、図表3-5で結婚相手に求める条件を見てみよう。この調査によると男性が女性に求める条件（2010年）は、①相手の人柄（考慮＋重視の95.1%）、②家事の能力（93.1%）、③仕事への理解（89.0%）、④容姿（82.4%）、⑤共通の趣味（75.4%）であった。一方、女性が男性に求める条件は、①人柄（98.2%）、②家事の能力（96.4%）、③経済力（93.9%）、④仕事への理解（92.7%）、⑤職業（85.8%）であった。男女それぞれ共通の条件が多いが、2010年において男性ならではのものは「容姿」82.4%（女性は77.1%）で、女性ならではのものは「経済力」93.9%（男性は38.7%）と「職業」85.8%（男性は43.4%）である。このグラフを見る限り、女性の方が欲張りであるとの印象を受ける。

　では女性が望む経済力とはどの程度を示すのであろうか？　図表3-6は未婚女性が求める最低年収をグラフにしたものである。希望年収を「400万円以上」としているのは20代で57.0%、30代で65.5%となっている。学生も含まれている20代と異なり、自分自身で生計を立てている人が大半の30代になると、相手に求める年収も高額化することがわかる。

　一方、図表3-7は未婚男性の年収をグラフにしたものである。年収「400万円以上」は20代で11.7%、30代で26.7%にとどまり、「300万円未満」が20代で65.5%、30代で45.4%にものぼる。このことから、女性が結婚相手に求める年収と、実際の男性の年収はかなり開きがあるという厳しい現実が見えてくる[3]。

　近年増加傾向にある非正社員は、第2章の「働く」で説明したように、賃金は正社員と比べると低く抑えられ、昇給や社会保障も制限があり、身分も不安定である。

図表 3-6 未婚女性が結婚相手に求める最低年収（「できるだけ早く結婚したい」「いずれ結婚したい」と回答した 20・30 代の未婚女性）

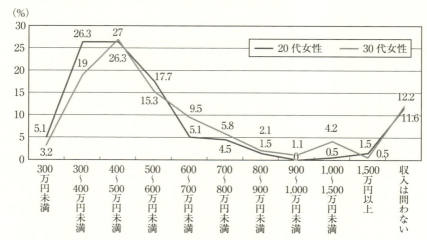

注：全国の 20～49 歳の男女（回収数 3,616 人）に Web アンケートを行った結果
（調査期間 2014 年 3 月 21 日～3 月 24 日）
出所：明治安田生活福祉研究所（2014）「20～40 代の恋愛と結婚　第 8 回結婚・出産に関する調査より」
http://www.myilw.co.jp/life/enquete/pdf/26_01.pdf（最終検索日：2016 年 2 月 29 日）

　次に男性非正社員の結婚している比率を表したグラフを検証する。図表 3-8 は各年齢グループの結婚している割合を正・非正社員別に示したものである。各グループで非正社員の男性の結婚している割合は正社員の半分以下である。こうした格差は主要国で共通に見られる現象だが、その格差はわが国において顕著に開いている。男性の婚姻率については、収入が結婚に影響を強く与えていることが明らかであり、年収が高いほど有配偶率が高い。同世代の半数以上が結婚しているのは 30 代前半なら年収 300 万円以上、20 代後半では年収 500 万円以上の層である。無業で無収入なら、当然結婚率は低くなる[4]。
　さらに、バブル経済崩壊後の就職が困難であった就職氷河期（1990～2004 年）に就職活動を行った男性（現在 33～47 歳）の非婚率の高さも特筆すべきである。当時は男女とも非正社員として採用された人が多く、その後、正社員に変わった人は男性 41.0％、女性 15.7％にすぎず、男女とも年齢が高いほど非正社

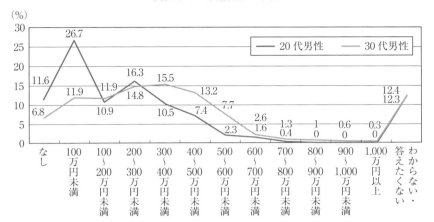

図表 3-7　未婚男性の年収

注：全国の 20 〜 49 歳の男女（回収数 3,616 人）に Web アンケートを行った結果（調査期間 2014 年 3 月 21 日〜 3 月 24 日）
出所：明治安田生活福祉研究所（2014）「20 〜 40 代の恋愛と結婚　第 8 回結婚・出産に関する調査より」
http://www.myilw.co.jp/life/enquete/pdf/26_01.pdf（最終検索日：2016 年 2 月 29 日）

員状態を維持している[5]。男性の非正社員の増加は確実に非婚化の原因になっているのである。

（3）子育て世代で強い保守的な価値観

　次に、女性の意識を見てみよう。図表 3-9 は 2009 年における「夫は外、妻は家庭と守るべき」という考えについての調査である。男女全体についてみると、女性の「賛成」（賛成＋どちらかといえば賛成）は 37.3％、「反対」（反対＋どちらかといえば反対）は 58.8％、男性の「賛成」45.9％、「反対」51.1％で、男性の方が保守的であることがわかる。女性だけを年齢別にみると、「70 歳以上」から「50 〜 59 歳」に向かって賛成が減っていっているが、「40 〜 49 歳」で賛成が 3.4％増加し、「30 〜 39 歳」でさらに 2.8％増加し、「20 〜 29 歳」で 8.3％減少している。従来の考えに賛成する女性が多い順番は「70 歳以上」「60 〜 69 歳」「30 〜 39 歳」「40 〜 49 歳」「50 〜 59 歳」「20 〜 29 歳」となっている。この「30 〜

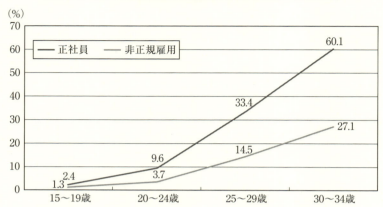

図表3-8 男性の年齢階級別有配偶者の占める割合 (2012年)

注:1) 非正規雇用の労働者はパート・アルバイト・派遣・契約社員・嘱託などをいう。
　　2) ここでいう有配偶者とは、総数から未婚者を除いた者である。
資料:総務省統計局(2012)「就業構造基本調査」
出所:内閣府(2014)「働き方の課題について関連資料　平成26年4月15日」から作成。
http://www5.cao.go.jp/keizai-shimon/kaigi/special/future/wg2/0415/shiryou_02.pdf
(最終検索日:2016年2月29日)

39歳」「40～49歳」で保守化の傾向がみられるのは、この時期が子育て期間であり、「仕事と家庭の両立は難しい」と身をもって体験しているか感じているからであろう。と同時に、この「30～39歳」の特筆すべき保守化には、最近気になる傾向「新専業主婦志向」の片りんを見ることができる。

4. 新専業主婦志向

　女性が仕事を通して自己実現を果たすには、依然と高いハードルが存在している。さらに、不景気の影響で、就職難、非正規雇用の増加と問題は多く、若い女性が仕事を通してキャリアを積み重ねていくことに対して、希望をもちにくい状況になっている。このような将来に対する先の見えない不安感を抱えた中で専業主婦という選択が、若い女性に魅力的なものになっているのである。就職氷河期を経験した30代女性は「働くこと」の大変さを痛切に感じている世代である。雑誌『アエラ』2010年4月号には、キャリアを積んだ女性が結婚を機にあっさ

第3章 結　婚　67

図表3-9 「夫は外で働き、妻は家庭を守るべきである」という考え方について

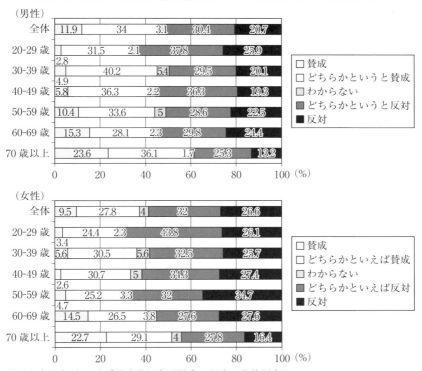

出所：内閣府（2009）「男女共同参画社会に関する世論調査」
http://survey.gov-online.go.jp/h21/h21-danjo/2-2.html（最終検索日：2016年2月29日）から作成。

りと会社を辞める姿が報じられている。過酷な仕事と家庭、両立できないとなると、家庭を選ぶのである。

女性誌に『Very』という雑誌がある。女子大生には『JJ』で、OLには『Classy』でモテ服を提唱し、結婚至上主義を貫いている光文社の30代女性用雑誌である。1995年に創刊された。そこに登場する読者モデルは、おしゃれな高収入男性と結婚していて、多くは子どもがいて、カジュアルなファッションに身を包み、年齢不詳である。出産育児で決してくたびれることなく、実家に子どもを預けて週に数日だけお稽古事をしたり、ママ友とランチに出かける。毎日企

業に雇われる形でフルタイムで働くママも登場するが、あくまでも家庭重視であり、子育てには決して手を抜かず、有名幼稚園や小学校に子どもを通わせる。

社会学者・小倉千加子は、Very的・新専業主婦を以下のように論じている。

> Very主婦にとって結婚・出産・子育てのライフコースをたどることは彼女達の協調性ゆえのことであり、その後の40代は主体性をもつことが最大関心事になる。日本において、女性が個性を発揮するのは、結婚して経済問題をクリアし、出産と育児をして「女」としての義務と醍醐味を味わった後の課題なのだ。子育てが一段落した後の人生設計こそ、女性にとっての究極の人生設計なのだ。自立を強要するフェミニズムなどは、過酷な労働をしなければならない損な生き方であり、子どものいない人生なんて老後の孤独を考えるとリスクの大きな生き方なのだ[6]。

『Very』読者にとっては、まずは「家庭ありき」であって、家庭生活にリスクを与える仕事は子育てが終わってからのものなのである。

日本雑誌協会によると2015年7月から9月の3カ月の期間で『Very』の発行部数は31万1,234部であった。30代女性用ファッション誌の中でトップの印刷部数を誇っている。参考までに30代女性誌をいくつかあげてみる。『With』（21万0000部）、『MORE』（27万8,334部）、『anan』（19万6,847部）がある。同じ光文社の雑誌では『JJ』（15万5,100部）、『CLASSY』（29万7,667部）、『Story』（26万7,434部）がある。この発行部数を見ても、『Very』が30代女性に少なからぬ影響を与えていることがわかる[7]。

しかし、夫の収入だけで生活できる収入を稼げる男性が少なくなり、Very的な生活を望んでも叶えられる女性は少なくなりつつある。きっとここに登場する読者モデルは、夫が年収600万円以上の約5％組か、実家の援助があるか、の可能性が高いであろう。この新専業主婦という生き方は本当に理想なのであろうか？　幸運にも高収入な配偶者に巡り合い、一生円満に暮らせるのならこれ以上に幸せなことはない。しかし、この約5％の少数派との結婚を夢見て非婚化の波にのってしまう可能性も高いのである。しかも、収入重視で配偶者を選んだとしたら、困難にあった時、2人で乗り越えていけるであろうか？　配偶者がリストラにあったらどうする？　離婚問題が起こったとして稼ぐ手段がないと、離婚もできないのだ。ましてや配偶者が死んでしまったら？　そんなリスクにどう備えるのか？

新専業主婦志向の人たちも、その後一生専業主婦であることを望んでいるわけではない。子育てが一段落したらさっそうと仕事をもつことが理想なのである。もちろん、趣味を活かして、時間的制約を受けずに、高収入で、おしゃれな仕事ならいうことはないのだが、そんなうまい話はないのである。子育てが一段落しても、再就職の準備をしてこなかった女性はなかなか満足な仕事にはつけないのである。ましてや正社員になるのは至難の業である。

5.「夫婦合算年収カップル」で細く長く幸せに

　ではどうやって、結婚をして家庭と仕事をバランスよく両立させることができるのであろうか？　新専業主婦のような優雅な暮らしも良いが、仕事を持ち続けるメリットもあるのだ。もしも一時的に専業主婦になる時期はあったとしても「一生働く」意識はもっておくべきである。

　一生を通じて働き続けるということは、自分の収入で食べていけるということである。そのメリットは配偶者を地位や収入で選ぶのではなく、愛しているかどうかで選べることである。多くの女性は「一家の稼ぎ主は男性である」と考えている。内閣府の『平成20年版男女共同参画白書』によると、「一家の稼ぎ主は男性である」に「賛成」と「やや賛成」と答えた女性は東京において約95%であり、約40%のハンブルグ、約30%のパリ、約20%のストックホルムに比べると比べても格段に高い。興味深いのは日本において女性より多い割合の男性が「一家の稼ぎ主は男性である」と思っていることである。ちなみにそう考えているのは、ハンブルグの男性は約50%、パリの男性は約25%、ストックホルムの男性は約23%であった。日本では男女とも従来の概念にがんじがらめになっているのである[8]。しかも、現在は従来の考えがもてた時代とは状況は変わっているのだ。非正規雇用が増加し、勤続年数が増えると昇給した時代ではないのである。もういいかげんに、男性を「一家の大黒柱」という考えから解放してあげるべきではないか。

　前述したように、20代から30代の未婚女性の約6割以上が「年収400万円以上の男性」との結婚を望んでいるが、実際年収400万円稼げる20〜30代の未

婚男性は3割以下なのだ。それでは、女性も働いて夫婦合わせて400万円にすればよいのではないか。夫婦が仕事も家事も一緒に担う、新しい家族を確立しよう。現状だと男性の年収の一番多いクラスは300〜400万円（全体の18.7%）、女性の年収の一番多いクラスは100〜200万円（全体の26.1%）であり、両者を合算すると400万円を超える可能性が高くなる[9]。（この調査では正・非正社員すべての労働者の年収が調査対象になっている）。この女性の100〜200万円の年収はは親や夫の稼ぎがあってその補助として働く女性の年収として一番現実的な額であるといえよう。しかしこの年収だけだと、もしも離婚したり夫が亡くなったりして母子家庭になった時にかなり苦しい生活を強いられる。

　そのためにも女性も一生働く覚悟で仕事を考えよう。皆さんはまだ大学生であるから働く環境は選べる立場にある。経済的には一生正社員を続けるのが一番楽であろう。しかし、それぞれのライフプランがあるから、出産や育児で中断しても、転職してもかまわない。でも「その仕事でいくら稼げるのか？」「その仕事で昇給は見込めるのか？」を考えた仕事選びをして欲しい。「バリバリ」働く意欲のある人は正社員総合職で働けばよい。「そこそこ」を希望して定年まで働きたいから体力的にきつい総合職より一般職を選ぶというのが一番現実的な選択かもしれない。非正規労働は納得しているのならよいが、現状では昇給する可能性は低い場合が多い。昇給は仕事を続ける一番の奨励策である。多少はきつい仕事でも給料に満足できていれば働けるものである。非正規労働は専任の顧客を受け持つ必要がないとかノルマがないとか責任をとらなくてよいといった仕事であることが多い。だから代替がきき給料は安いままで据え置かれる。そんな仕事で満足できるのであろうか？　今は無理でも、ゆくゆくは自分の生活費くらいは稼げるように、「腰掛けでない」仕事を考えること。そのためには自分に投資して能力も高めよう。

　経済的に自立した女性になっておけば、結婚相手も社会的地位や収入重視で選ぶ必要はなくなるのである。素敵なパートナーに出会ったときに、2人合わせての世帯年収が高くなり家庭での発言権もある。もしも、パートナーと合わなくなったら離婚して新たなスタートもできる、選択自由な人生を送れるはずだ。

6. 結婚相手に求める条件の変化
　　―三高から3C、さらに三同へ―

　バブル経済が華やかだった1990年以前、女性が結婚相手にする理想の男性像として「三高」という言葉が流行った。高学歴、高収入、高身長を求めたのである。見かけがよくて経済力がある男性がもてはやされた。その後バブルがはじけた1990年代、「3C」という言葉が流行った。Comfortable（快適な）、Communicative（通じ合える）、Cooperative（協力的）という意味で、充分な収入があり、価値観を共有しあえて、家事や育児に協力的である男性が理想となった。「三高」と比べて、見かけはあきらめて高収入と共に生活のしやすさに関心は移っていった。この時代の女性はまだまだ結婚に上昇を求めることができたのである。

　最近になって、男性に充分な収入が期待できなくなり女性も働くことを前提にして理想像も変わってきている。「三低」は低姿勢（レディーファースト）、低リスク（安定した職業や資格保持が条件）、低依存（お互いの生活を尊重）を表す。さらにそれに「三手」の手伝う（家事や育児）、手を取り合う（お互いの理解と協力）、手をつなぐ（愛情）が加わった。安定した仕事があれば高収入を求めないかわりに家事を積極的に手伝い協力しあえる男性がもてる時代になったのだ。

　そして、経済・雇用環境が厳しくなる一方の今、共働きが一番のリスクヘッジになった。『日経ウーマン』2010年7月号が推奨しているのは「三同」である。仕事観が同じ（仕事に対する姿勢を理解しあえる）、金銭感覚が同じ（稼ぎ力よりやりくり力）、育った環境が同じ（考える常識が同じだから自然体で過ごせる）を意味する[10]。要するに、コミュニケーションがとりやすい相手を選べということである。この傾向をみる限り、男性に対するハードルは低くなり努力次第で理想像に近づける時代になった。突然のリストラや減給も視野にいれながら、共働きをしながら協力していくには、なにより同じ価値観が大切になったのである。

7. 離　　婚

（1）上昇する離婚率

　近年日本では離婚率が上昇していると言われている。離婚率という時、2種類の指標が使われている。1つは1,000人当たりの離婚件数で、国民生活白書や国際比較に使われている。この離婚率は、2008年度において、1998年（1.94）以降、10年ぶりに2.0を割り込み1.99になったが2014年には1.77になった[11]。図表3-10は戦後1947年から2014年までの離婚件数と離婚率の動向を示したものである。最近は2002年をピークに減少傾向にあることがわかる。

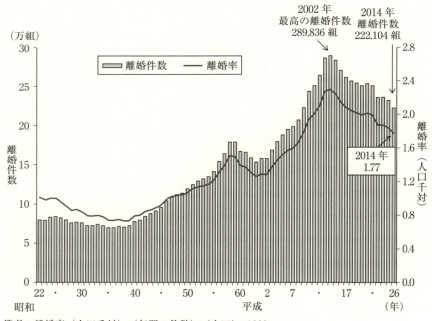

図表3-10　離婚件数及び離婚率の年次推移

備考：離婚率（人口千対）＝（年間の件数）÷（人口）×1000
出所：厚生労働省（2014）「平成26年　人口動態統計月報年計（概数）の概況」
　　　http://www.mhlw.go.jp/toukei/saikin/hw/jinkou/geppo/nengai14/dl/kekka.pdf
　　　（最終検索日：2016年2月29日）

しかし、離婚率はこの約50年間上昇傾向にあることは間違いなく、過去約60年の間に2～3倍になっている。この離婚率を他国と比較してみる。イギリス2.37（2003年）、ドイツ2.34（2008年）、ノルウェー2.13（2008年）、フランス2.12（2008年）であり、イタリアはカトリック国なので0.85（2008年）と低いが、日本の離婚率1.77（2014年）は、他の先進国に比べると格段高いわけではない[12]。

では、もう1つの離婚率をみてみよう。この離婚率は、その年の婚姻件数を分母に、離婚件数を分子にして導き出す。要するに、その年に何組が結婚して、何組が別れたかを計る離婚率である。図表3-11は婚姻・離婚件数と離婚率の年次推移を示したグラフである。こちらのほうの離婚率は、そんな悠長なことを言っていられない。離婚率は右肩上がりで、2000年に初めて30％台を超え、2014年には34.5％にもなった。つまりその年に結婚したカップルの3組に1組以上が離婚しているのである。この離婚率は、若い世代に結婚するカップルが多いという理由でその世代の離婚率がより強く反映される。要するに、若い世代の離婚率が高いのである。19歳以下女性は約60％、20～24歳女性は40％超である[13]。つ

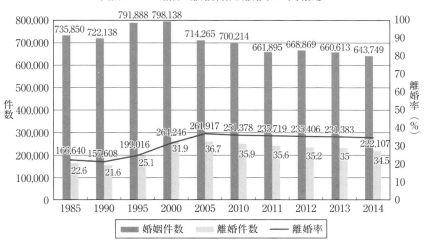

図表3-11　婚姻・離婚件数と離婚率の年次推移

出所：厚生労働省（2014）「人口動態統計（確定数）の概況」
http://www.mhlw.go.jp/toukei/saikin/hw/jinkou/kakutei14/dl/00_all.pdf（最終検索日：2016年2月29日）から作成。

まり 24 歳以下の層の高い離婚率に、全体が引っ張られて高くなっているのである。その理由はその世代に多い「授かり婚」にあると思われる。この「授かり婚」は 2002 年で 15 ～ 19 歳以下の 81.7％、20 ～ 24 歳の 58.3％もの割合を占めるのである[14]。妊娠にひきずられての結婚は長続きするのが難しいのであろう。

（2） 離婚の原因

　図表 3-12 は 2010 年の性別離婚申し立ての動機別離婚数を示したグラフである。このグラフから離婚率が高くなった背景を探ってみる。離婚は圧倒的に妻からの申し立てが多く（全体の約 73％）、最近の離婚は女性主導で行われていることがわかる。離婚によって経済的に困窮する可能性の高い女性からの申し立てが多いということは、離婚によるデメリットよりもメリットが大きいと思わせるほど、結婚生活に対する不満が高いということを意味している。

　次に、離婚の原因については、女性からの申し立て第 1 位が「性格が合わな

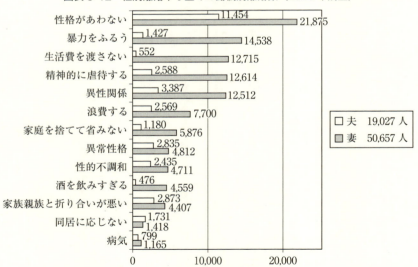

図表 3-12　性別離婚申し立ての動機別離婚数（2010 年調査）

注：申し立ての動機は申し立て人のいう動機のうち主なものを 3 つまであげる方法で重複計上している。
出所：最高裁判所（2011）『司法統計年報』から作成。
　　　winet.nwec.jp/toukei/save/xls/L101280.xls（最終検索日：2016 年 2 月 29 日）

い」、第2位「暴力をふるう」、第3位「生活費を渡さない」第4位「精神的に虐待する」、第5位「異性関係」。一方、男性からの申し立て第1位が「性格が合わない」、第2位「異性関係」、第3位「家族親族と折り合いが悪い」、第4位「異常性格」、第5位「精神的に虐待する」となっている。申し立て件数の数の差から見ても、男性の方が女性より「暴力的」で「異性関係にルーズ」で「生活費を渡すという責任を果たしていない」という姿が浮かび上がってくる。

今日では、社会的に離婚は容認されるようになってきている。特に女性においては、離婚を肯定する考え方の割合が否定する割合を大きく上回っている（25歳以上すべての年代で30%ポイントを超えている）[15]。酒井順子は著書『負け犬の遠吠え』で、「一度も結婚をしたことのない40代未婚女性」と「離婚歴ありの40代未婚女性」とでは、後者の方がクラスが上とみられる、と書いている。その理由を、一度は生涯の伴侶として選ばれたことが実績として評価されるからとしている。確実に離婚を経験した女性に対する風あたりは弱まってきているのである。

では、女性にとって離婚への障害は何であろう？ 図表3-13は離婚への障害を示している。「子どもに与える悪影響」（76.5%）と「今後の生活費の確保が難しい」（75.4%）が女性にとっての圧倒的な障害である。「子どもに与える悪影響」は男性にとっても1位で78.0%であるが、「今後の生活費の確保が難しい」は男性41%であり男性と女性では大きな差がある。この障害は専業主婦なら当然の

図表3-13　離婚への障害

(%)

	計	男	女
今後の生活費の確保が難しい	58.0	41.0	75.4
仕事と子育ての両立が難しい	35.9	32.8	39.0
子どもに与える悪影響	77.3	78.0	76.5
親や親族に体面が悪い	7.0	7.9	6.1
世間体（近所・職場）が悪い	13.0	16.7	9.3
資産・財産の分与が難しい	10.0	9.0	11.1
その他	1.2	0.9	1.5

出所：生命保険文化センター（2000）「ライフサイクルと生活保障に関する研究」
橘木俊詔（2008）『女女格差』東洋経済新報社 p.148.

不安であろうし、非正社員なら経済的に困窮することが予想できる。ましてや、わが国では離婚後子どもをひきとるのは女性の方が多い。元夫からの養育費が多額にもらえる例を除いてはなおさらである[16]。厚生労働省（2012）「平成23年度全国母子世帯等調査」によると、2010年の母子家庭の平均年間世帯収入は291万円であった。（父子家庭は455万円）子どものいる全世帯の平均世帯収入658万円の44.8%であることから、母子家庭の生活の困窮が予測される[17]。母子家庭では子育てに時間がとられ、なかなか労働時間の確保が難しいので、非正規雇用、しかもパートタイム労働で働く女性が多いことが理由であろう。

そこで奨励されるのは、一生働くことを意識して結婚や出産後も働き続けることである。働き続けていれば、たとえ離婚しても収入が途絶えることもないし、技能も保持できる。離婚を考えてから再就職を目指しても、ブランクが長いとかなえられる可能性は低くなり、パートタイムの仕事しかないという状態に陥りやすいのである。

8. 新しい結婚―フランスのパックス婚―

日本は婚外子が2.1%（2008年）と先進国の中でもずば抜けて少ない国である。スウェーデン54.7%（2008年）、フランス52.6%（2008年）、アメリカ40.6%（2008年）、イタリア17.7%（2007年）と比べても、その少なさは突出している[18]。日本ではパートナーが妊娠をするとほとんどのカップルは「できちゃった結婚」あるいは「授かり婚」をする。小倉千加子の言葉を借りると、日本は、「交際中の男性が女性の妊娠の責任を結婚という形で果たす律儀な国であると言うこともできるし『結婚の中でしか子どもを産んではいけない』という強迫観念の極めて強い国である」のだ[19]。しかし、世界のなかでは日本はむしろ例外的である。通常、典型的なカトリック国は婚外子割合が低いが（例：イタリア）、同じカトリック国であるフランスの割合が高いのが目立っている。しかも1980年の11.4%から2008年の52.6%と飛躍的に増加している。

その増加に一役かったのがパックス（連帯市民協約）である。フランスでは1999年、全く法的な手続きをしないで一緒に暮らし続ける事実婚や同性愛の

カップルに対し、税控除や社会保障などについて結婚に準ずる権利を付与するパックス法が制定され、結婚や家族の在り方が変わった。パックス婚は貞操の義務もなく、双方の合意がなくても片方の意思だけで解消できる。カトリック国のフランスは、離婚するのは日本に比べて難しく時間とお金がかかる。それに対する反動でパックス婚が受け入れられたのである。そのほかに、子どもの親権も結婚した場合と同じような措置がとられ、パックス締結後2年たてば、条件付きでパートナーには法律婚夫婦と同じ相続税や贈与税の軽減措置が認められる。税制の上でも、パックス・カップルは結婚した夫婦同様、2人で収入申告ができ、2人の頭数で割るので、独身の申告者が個別に確定申告するよりも納税額が少なくなるケースが多い。

このパックスがもたらした影響に少子化の解消がある。フランスの合計特殊出生率は1993年に1.66にまで落ち込んだがその後上昇に転じ、2008年には1.98になった。収入に関係なく2人以上の子どもを持つ家庭に支給される家族手当は3人以上になると増額され、各種割引き料金が適用され、女性の働く環境も整っている。そして、このパックスによって、いかなる形の家庭で暮らす子どもでも、平等に社会の一員として受け入れられる風土が証明された。それが、女性にとって、子どもをもつことの心理的負担を軽くして出産する意欲を持たせたのであろう。

日本においても、今の結婚制度は現状に合わなくなってきている。日本では法的に結婚していない夫婦から生まれた子どもは非嫡出子と呼ばれ、法的に結婚している夫婦から生まれた嫡出子と比べて、社会保障や遺産相続において同等の権利が保証されているとは言い難かった。しかも、恵まれないというイメージでとらえられることも多い。「できちゃった婚」が若い人の間で多いのは、非嫡出子を嫡出子に変える努力の表れであろう。その一方で、法的に結婚がかなえられなくて中絶をする女性も多いと推測される。

しかし、世界的な流れとして結婚にたよらない子どもの数は増加しているのである。むしろ先進国では主流であるとも言える。日本においても欧米で起こったことが数十年して起こることが多いので、徐々に増加することが予想される。実際、日本においても、社会的な制約にとらわれず個人として生きたいという若い世代の中に、法的な結婚に価値を認めない男女が増えてきている。恋愛の自由、

束縛されない人生を希望しているのだ。伝統的な価値観をもつ人たちにとっては「無責任」と映るであろうが、この個人化の流れは止められない。そういう人が法的に夫婦にならず子どもをもちたいと願う可能性は高い。あるいは、子作りの相手にこだわりがなく子どもだけが欲しいと願う人たちの存在も今は少数であるが存在する。極端な例は、無名の男性の精子をもらって出産する女性であるが、今後は日本人にも増えていくと思われる。

　日本が、非嫡出子に偏見をもたない、法的処遇にも差別のない社会を作ることができるとしたら、フランスのように少子化に歯止めをかけられるであろう。

> **参考　嫡出でない子の相続分が嫡出子と同等に**
>
> 　2013年9月、民法900条の規定が定めていた『嫡出でない子の相続分は、嫡出である子の相続分の二分の一とする』は、法の下の平等を定める日本国憲法第14条に対し違憲であると最高裁判所が判断を下した。これにより民法が改正され、『同じ人物の血を引く子同士であれば、嫡出子・非嫡出子の区別なくその法定相続分は平等』になった。(2013年12月11日公布・施行)
> ＊「嫡出でない子（非嫡出子）」とは、法律上の婚姻関係にない男女の間に生まれた子をいう。

［注］
1) 国立社会保障・人口問題研究所（2010）「第14回出生動向基本調査　結婚と出産に関する全国調査　夫婦調査の結果概要」1章　夫婦の結婚過程
http://www.ipss.go.jp/ps-doukou/j/doukou14/chapter1.html（最終検索日：2016年2月29日）
2) 橘木俊詔（2008）『女女格差』東洋経済新報社　p.115.
3) 明治安田生活福祉研究所（2014）「20〜40代の恋愛と結婚　第8回結婚・出産に関する調査より」
http://www.myilw.co.jp/life/enquete/pdf/26_01.pdf（最終検索日：2016年2月29日）
4) 労働政策研究・研修機構（2005）「労働政策研究報告書　No.35」p.90.
http://www.jil.go.jp/institute/reports/2005/documents/035.pdf（最終検索日：2016年2月29日）
5) 厚生労働省（2010）「第7回21世紀成年者縦断調査（国民の生活に関する継続調査）結果の概況　p.11
http://www.mhlw.go.jp/toukei/saikin/hw/judan/seinen10/dl/all.pdf（最終検索日：2016年2月29日）

6) 小倉千加子（2003）『結婚の条件』朝日新聞社　p.87.
7) 日本雑誌協会ホームページ（2015）「印刷部数公表」
　 http://www.j-magazine.or.jp/magadata/index.php?module=list&action=list&cat1cd=2&cat3cd=20&period_cd=30（最終検索日：2016年2月29日）
8) ももせいづみ（2011）『女の幸せがなくなる日』主婦の友社　p.134. から抜粋
　 著者は内閣府（2009）「平成20年版　男女共同参画白書」から引用
9) 国税庁長官官房企画課（2014）「平成25年分民間給与実態統計調査 ― 調査結果報告 ―」p.20.
　 https://www.nta.go.jp/kohyo/tokei/kokuzeicho/minkan2013/pdf/001.pdf（最終検索日：2016年2月29日）
10) 日本経済新聞社（2010）『日経WOMAN　2010年7月号』「幸せになるための結婚の条件」p.133
11) 厚生労働省（2014）「平成26年　人口動態統計月報年計（概数）の概況」p.16.
　 http://www.mhlw.go.jp/toukei/saikin/hw/jinkou/geppo/nengai14/dl/gaikyou26.pdf（最終検索日：2016年2月29日）
12) 国立社会保障・人口問題研究所（2011）「人口統計資料集」主要国の婚姻率及び離婚率
　 http://www.ipss.go.jp/syoushika/tohkei/Popular/P_Detail2011.asp?fname=T06-19.htm（最終検索日：2016年2月29日）
13) 内閣府（2005）「平成17年　版国民生活白書『子育て世代の意識と生活』第1章補論　結婚行動における新しい流れ」2.　離婚と再婚
　 http://www5.cao.go.jp/seikatsu/whitepaper/h17/01_honpen/html/hm01ho12001.html（最終検索日：2016年2月29日）
14) 同上、1.　法律婚へのこだわり「できちゃった婚」
　 http://www5.cao.go.jp/seikatsu/whitepaper/h17/01_honpen/html/hm01ho10002.html（最終検索日：2016年2月29日）
15) 同上、2.　離婚と再婚
　 http://www5.cao.go.jp/seikatsu/whitepaper/h17/01_honpen/html/hm01ho12001.html（最終検索日：2016年2月29日）
16) 橘木俊詔、前掲書、p.148.
　 著者は生命文化センター（2000）「ライフサイクルと生活保障に関する研究」から引用
17) 厚生労働省（2011）「平成23年　国民生活基礎調査の概況」
　 http://www.mhlw.go.jp/toukei/saikin/hw/k-tyosa/k-tyosa11/dl/03.pdf（最終検索日：2016年2月29日）
18) 厚生労働省（2013）「平成25年版　厚生労働白書」p.56.
　 http://www.mhlw.go.jp/wp/hakusyo/kousei/13/dl/1-02-2.pdf（最終検索日：2016年2月29日）
19) 小倉千加子、前掲書、p.17.

第4章 子 ど も

1. 出　産

（1） 出産は女性の人生の大イベント

　日本の合計特殊出生率（1人の女性が生涯に産む子どもの平均数）は2014年に1.42であった。この数字は2005年に過去最低の1.26を記録し、その後少し上昇しているが、日本の現在の人口を維持できる合計特殊出生率である人口置き替え水準2.08を下回っている。第2次世界大戦後直後は4.5を上回っていたのであるから、今やその3分の1以下である。また、実際の出生数は2014年において100万3,539人で、過去最高だった1949年の269万6,638人の4割弱である[1]。つまり、日本の人口は減少傾向にあり、15歳未満の子どもの数が全人口に占める割合が15％に満たない少子化社会である。社会は子どもを産むことを奨励しているが、戦争直後のように「産むのがあたりまえ」という時代ではなく、「選んで産む」時代になりつつある。女性にとって出産は一生に一度か二度あるかの一大イベントになった。

　近年、妊娠・出産の情報は本、雑誌、漫画、インターネットで飛び交い、芸能人や有名人は著書や自身のブログで、不妊治療、妊娠、出産を克明に綴る。多くのハリウッドの女優も日本の芸能人も妊娠中のヌードや水着姿を披露して大きくなったお腹を誇らしげに見せる。あるいは、結婚はしたくないが子どもだけは産んでおきたいとシングルマザーを選ぶ女性もいる。

　昔は現在ほど注目をされることのなかった妊娠・出産がこれほど晴れ舞台に担ぎ出されることに違和感を覚える世代もある。しかし、核家族で育ち、身近に妊

娠・出産を経験することの少ない現在の妊婦にとっては、すべてが新しい経験なのである。そんな妊婦たちが、有名人の経験から学ぼうとするのは理解できる。少子化時代の今、出産は頻度の高くないお祝い事であり、周りは妊婦たちに多大な関心を払う。妊娠・出産のもつ意味は昔より増しているのだ。

妊娠・出産への関心が高まり、「選んで産む」女性は多くの選択肢をもつようになった。まずは、子どもを産むのか？ 父親は誰？ 産むならいつ？ 何人？ 不妊で悩むカップルなら、病院、治療法、かける費用、治療の期間、仕事は継続？ 妊娠したら病院はどこ？ 仕事は継続する？ 産む方法は？ 夫に立ち会ってもらうのか？ あまりに選択肢が多すぎて、選択するためにまた情報を集めないといけない状況に陥る。昔は「どうやったら無事に子どもがうまれるか？」が関心事であったのに、今は「どうやったら自分らしく最高の出産ができるか？」にシフトしてきている。

（2） 出生率の検証

2011年10月に14回出生動向調査が発表され少子化がすすんでいる実態が改めて浮き彫りになった。1組の夫婦が何人の子どもを出生するかを表す完結出生児数が初めて2.0を下回り1.98になったのである。図表4-1は1977年から2010年までの出生子ども数分布と完結出生児数の推移を示している。第2次世界大戦後、完結出生児数は大きく低下し、第6回調査（1972年）において2.20となった後は13回調査（2005年）まで2.0台を保持してきた。第7回調査（1977年）以降、半数を超える夫婦が2人の子どもを産んでおり、今回（2010年）も同様であった。しかし、子どもを産まなかった夫婦、および子ども1人の夫婦が前回に引き続き増え、これらを合わせると今回初めて2人未満が2割を超えた。一方、3人以上の子どもを産んだ夫婦は減っており、2割を下回ったのである。

一方、未婚を含めた女性1人が生涯に産むとされる子どもの人数（合計特殊出生率）は2014年は1.42で前年の1.43より低下しており将来的な少子化の流れは歯止めがかかっていない。

では、子どもの数を左右するものはなんであろう？ 第1に夫婦の結婚年齢である。結婚持続期間15〜19年でみると、妻の結婚年齢が20〜24歳の夫婦では平均出生子ども数が2.08人であるのに対し、25〜29歳では1.92人、30〜34

図表 4-1　調査別にみた出生子ども数分布の推移（結婚持続期間 15 〜 19 年）

調査（調査年次）	総数 （集計客体数）		0 人	1 人	2 人	3 人	4 人 以上	完結出生児数 （±標準誤差）
第 7 回調査（1977年）	100.0%	(1,427)	3.0%	11.0	57.0	23.8	5.1	2.19 人（±0.023）
第 8 回調査（1982年）	100.0	(1,429)	3.1	9.1	55.4	27.4	5.0	2.23 （±0.022）
第 9 回調査（1987年）	100.0	(1,755)	2.7	9.6	57.8	25.9	3.9	2.19 （±0.019）
第10 回調査（1992年）	100.0	(1,849)	3.1	9.3	56.4	26.5	4.8	2.21 （±0.019）
第11 回調査（1997年）	100.0	(1,334)	3.7	9.8	53.6	27.9	5.0	2.21 （±0.023）
第12 回調査（2002年）	100.0	(1,257)	3.4	8.9	53.2	30.2	4.2	2.23 （±0.023）
第13 回調査（2005年）	100.0	(1,078)	5.6	11.7	56.0	22.4	4.3	2.09 （±0.027）
第14 回調査（2010年）	100.0	(1,385)	6.4	15.9	56.2	19.4	2.2	1.96 （±0.023）

注：対象は結婚持続期間 15 〜 19 年の初婚どうしの夫婦（出生子ども数不詳を除く）
出所：国立社会保障・人口問題研究所（2011）「第 14 回　出生動向基本調査　結婚と出産に関する全国調査（夫婦結果の概要）」http://www.ipss.go.jp/ps-doukou/j/doukou14/chapter2.html#21a（最終検索日：2016 年 2 月 29 日）

歳では 1.50 人となっている。したがって、結婚年齢の上昇化（晩婚化）は夫婦の平均子ども数を低下させる効果をもつ[2]。

　第 2 に住宅事情である。住宅事情が出生動向に影響を及ぼすことは知られており、居住住宅に対する親からの援助を受けた夫婦は、親からの援助なしの夫婦より明らかに出生児数が多く、結婚後 10 〜 14 年を経過した夫婦についてみると、「援助あり」が 2.26 人であるのに、「援助なし」は 2.11 人と 0.15 人少ない。また、親から住宅への「援助あり」のなかでも、「親の家に住んでいる」や「親の土地に家を建てた」という夫婦の出生児数は、持家取得や家賃に対する資金援助を受けた夫婦より多い[3]。住宅のための出費が多い夫婦は子どもの数が少なくなるのだ。また、1 人当たり居住室の畳数と世帯主が 49 歳までの世帯数当たりの 20 歳未満の子どもの数を都道府県別に表してみると、おおむね畳数の広い都道府県ほど子ども数の多い傾向が読み取れる[4]。合計特殊出生率をみても、高いのは沖縄県（1.83）、宮崎県と島根県（1.63）、熊本県（1.61）、鹿児島県（1.60）であり、低いのは東京都（1.12）、北海道（1.21）、京都府（1.22）等大都市を含む地域が多い[5]。都会は住宅費が高く、住居も狭い。さらに物価や教育費も高く、子どもの数が少なくなる要因を多くもっているのである。

　第 3 に、妻の学歴が高いほど完結出生児数は低い傾向にある。妻が中学校卒業である場合の完結出生児数は 2.2、高校卒業である場合 2.15、短大・高専卒業

である場合 2.09、大学卒業の場合 1.84 であった。高学歴の妻ほど出産する子どもの数が少ない、または 1 人も出産していない者の割合が高くなっている[6]。これは妻の学歴が高いほど仕事を重視し晩婚化になる傾向があることが原因であると考えられる。

第 4 に夫の職業がホワイトカラー化するほど、完結出生児数は下降する傾向にある。夫が農林漁業に従事する場合 2.48、非農自営業に従事する場合 2.18、専門・管理 2.09、事務・販売・サービス 2.03、現場労働 2.12 であった[7]。農業などの自営世帯では子どもは労働力であるとともに将来の共同経営者であり、老後の生活の担い手として不可欠な存在であるが、サラリーマンなど雇用される者の世帯では子どもの精神的な価値が増し、数についての選択の余地があるのである。どちらにしても、現在の日本において平均収入は減りつつあり[8]、都市集中化、女性の高学歴化、ホワイトカラー化傾向が強まっている。よって、これからもますます少子化は進むであろうことが予想される。

（3）子どもをもつことの意味

現代の日本においては、子どもを産み育てることは、楽しみや生きがいを感じ、子育てを通して自分が成長するなど、精神的な満足をもたらすと考えられている。しかし、子どもをもつ意味は、国の経済状態、文化、社会状況によって違っている。どこの国においても共通しているのは、第 1 に動物の本能として子孫の継続を望むということである。第 2 に自分の老後をみてもらうために安全対策として子どもをもつということである（これは社会保障制度が発達している国においては意味合いが薄れる）。しかし次にくる第 3 の意味は国によって違うのである[9]。

発展途上国では、第 1 次産業が主要産業であり、高度な技術を要する仕事ではなく、子どもでも手伝える。例えば、農業においては子どもでも立派な働き手になり、子どもが多いほどしかも男の子が多いほど、仕事の効率はよくなり経済的に豊かになる。この場合、子どもに経済的価値を求めるのである。

一方、先進工業国においては、第 2 次産業や第 3 次産業が中心であり、仕事は複雑で技術を要する。よって、一人前の働き手になるには長い教育年数や職業訓練が必要であり、その教育・訓練に時間とお金がかかる。子どもをより良い仕

事に就けるようにするには、子どもの数を少なくして、1人の子どもに多くの教育費をかけ、より高い教育を受けさせる必要がある。しかも先進国においては、衛生環境や栄養状態が改善され医療が進歩し、乳幼児の死亡率は低く、生まれた子どもはほぼ全員成人するので多くを産む必要もない。少ない子どもに愛情、お金、手間を注ぎ精神的価値を求めるのである。

　日本においても第2次世界大戦時まで、第1産業が主要産業であったころは、女性は多くの子どもを産み育てることを期待された。子どもには、働き手として経済的価値があったのである。さらに、経済的に年老いた親の面倒をみたり、家を引き継ぐ役割もあった。そのために男の子が重宝がられ、子どもは多いほど良かった。

　しかし、今や日本は先進工業国になり、女性が生涯に産む子どもの数は1人か2人になった。国は豊かになり年金制度が充実し、看護や介護を社会で行う風習も広まり、家を継いだりお墓を守るプレッシャーも特に都会ではなくなりつつある。最近では「子どもを1人しか生まないのなら女の子がいい」という風潮がある[10]。この風潮は、男の子といえども、妻子の生活費だけで精いっぱいで頼れないとなると、成人した子どもに親が求めるのは精神的価値であることを表している。女の子は、男の子に比べて教育の負担が軽く、他家に嫁ぐが実家に出入りし、優しい言葉のひとつをかけてくれたりして両親に精神的やすらぎを与えてくれる。もしも同居するにしても、息子のお嫁さんに気をつかって住むより、娘と一緒に住みたい親が多いのである[11]。

　次に、先進国における子どもをもつことに対しての考え方を考察する。図表4-2は日本・韓国・アメリカ・フランス・スウェーデンの5カ国における子どもをもつことに対しての考え方を示している。内閣府のこの調査によると、日本においては、①子どもがいると生活が楽しく豊かになるから（62.7%）、②結婚して子どもをもつのは自然なことだから（57.9%）、③子どもは将来の社会の支えとなるから（24.4%）、④子どもは夫婦関係を安定させるから（21.0%）、⑤自分の子孫を残すことができる（20.0%）、⑥好きな人の子どもをもちたいから（18.5%）、⑦経済的な負担がふえる（13.1%）、⑧子どもは老後の支えになる（12.7%）、⑨自分の自由な時間が制約される（6.8%）、⑩は自分の家の家名を残すことができる（4.8%）となっている。

第4章 子 ど も　85

図表4-2　子どもをもつことに対しての考え方（複数回答可）

(%)

		子どもをもつことは自然なことである	自分の子どもを残すことができる	子どもをもつことで周囲から認められる	子どもがいると生活が楽しく豊かになる	子どもは老後の支え	子どもは将来の社会の担い手になる	子どもは夫婦関係を安定させる	子どもをもつことが好きな人としてみられる	配偶者がもつことを望むから	残すことができる自分の家名を	自分の自由な時間が制約される	経済的な負担が増える	身体的・精神的な負担が重くなる	その他	特にない	わからない
日本	2010年(1,248人)	2 57.9	5 20.0	3.5	1 62.7	12.7	3 24.4	4 21.0	18.5	2.4	4.8	6.8	13.1	3.6	—	1.3	0.5
	2005年(1,115人)	1 68.5	5 21.2	4.1	2 59.7	10.5	18.3	4 21.5	3 21.9	2.3	4.3	8.9	11.4	4.4	0.2	1.1	1.0
韓国	2010年(1,005人)	1 81.8	4 18.1	9.3	2 45.2	8.0	13.7	3 42.6	5 21.0	8.8	2.5	7.9	4 23.3	5.6	—	0.3	0.5
	2005年(1,004人)	1 85.1	4 22.6	13.6	3 43.5	5.3	11.8	2 46.1	19.6	10.8	2.7	4.8	5 19.9	4.5	0.4	1.3	—
アメリカ	2010年(1,000人)	2 60.0	5 16.8	3.5	1 60.2	8.4	10.7	13.0	3 36.7	2.4	8.6	9.8	4 17.7	9.0	0.8	0.5	1.3
	2005年(1,000人)	2 63.0	4 12.7	2.9	1 60.6	10.0	7.6	9.5	3 35.4	1.8	6.3	9.3	9.7	7.6	0.9	1.3	2.5
フランス	2010年(1,002人)	2 54.7	4 19.3	2.2	1 67.8	8.1	6.6	5 12.2	2 54.7	2.0	6.7	5.4	5.6	3.7	0.5	1.7	0.2
	2005年(1,006人)	1 71.6	4 22.7	1.2	2 58.6	9.8	5.8	5 15.2	3 47.2	2.6	6.7	4.8	3.3	2.9	1.4	3.8	0.7
スウェーデン	2010年(1,001人)	2 52.0	5 13.8	3.7	1 69.9	12.1	4 13.9	5.4	3 34.8	0.9	1.6	5.0	7.2	6.5	2.3	2.9	1.5
	2005年(1,019人)	2 58.4	7.0	1.4	1 76.8	13.6	5 10.5	6.3	3 54.1	1.0	1.4	8.3	6.9	5.4	1.7	0.1	0.4

注1：上段の斜掛け数字は各国の上位5項目の順番
注2：調査は2010年10～12月、日本・韓国・アメリカ・フランス・スウェーデンの5カ国の男女（20～49歳）各国1,000人に個別面接して行われた。
出所：内閣府（2011）「少子化に関する国際意識調査報告書」
http://www8.cao.go.jp/shoushi/shoushika/research/cyousa22/kokusai/pdf_gaiyo/s1.pdf（最終検索日：2016年2月29日）

現在の日本の親にとっては、昔なら高い割合を占めたであろう「子どもは将来の社会の担い手になるから」といった社会への使命を表した考え方や、「子どもをもつことで周囲から認められる」といった社会を意識した考え方は低く抑えられ、「子どもがいると生活が楽しく豊かになるから」や「結婚して子どもをもつことは自然なことだから」といった個人の希望にそった理由で子どもをもちたいと願っていることがわかる。日本以外の国に目をむけると、5位までの項目に関しては多少順位は違っても同じような項目がランクインしていた。注目されるのは「経済的な負担が増える」が韓国で4位（23.3%）、アメリカで4位（17.7%）に入っていることである。

次に、子育てをしてよかったと思うことを考察する。図表4-3は同5カ国において子育てをしてよかったと思うことを調査した結果である。日本においては、①家庭が明るくなる（73.2%）、②子育てを通じて自分も精神的に成長する（60.3%）、③生活にはりあいができる（54.1%）、④子育てを通じて自分の視野が広がる（46.6%）、⑤子育てを通じて友人が増える（34.1%）となっている。これらの項目は他の国でも順位は多少違っていても大体同じである。先進国において子育ては「自分を成長させて友人を増やしてくれて生きがいも与えてくれる」のだ。

（4）子どもをもつ負担

子どもをもつことは素晴らしいことであるということはわかった。しかし、負担となることもある。前述の内閣府「少子化社会に関する意識調査報告書」（平成23年3月）において「欲しい子どもの人数」が調査された。数値は2010年のもので、（　）内は2005年の調査値である。

日本：「1人」7.9%（6.1%）、「2人」51.8%（50.4%）、「3人」32.5%（33.7%）「4人以上」3.6%（6%）、「ほしくない」3.2%（2.0%）で全体の平均は2.3人（2.4人）。

韓国：「1人」13.5%（11.0%）、「2人」57.4%（58.6%）、「3人」21.8%（22.2%）、「4人以上」5.9%（7.3%）、「ほしくない」1.3%（0.9%）で平均2.2人（2.3人）。

アメリカ：「1人」13.8%（12.4%）、「2人」39.4%（46.7%）、「3人」24.4%（19.4%）、「4人以上」13.3%（13.1%）、「ほしくない」8.1%（8.4%）で平均2.3人（2.3人）。

図表 4-3　子育てをしてよかったと思うこと

(％)

	家庭が明るくなる	身近な人が子どもと接して喜ぶ	生活にはりあいができる	子育てを通じて友人が増える	子育てを通じて自分の視野が広がる	子育てを通じて自分も精神的に成長する	夫婦の愛情がより深まる	その他	良いと思うことは特にない	わからない
日本	1		3	5	4	2				
2010年(1,248人)	73.2	24.2	54.1	34.1	46.6	60.3	29.6	0.7	0.3	3.8
	1		3	5	4	2				
2005年(1,115人)	76.5	24.9	58.1	38.3	49.3	60.9	31.3	0.4	1.0	3.1
韓国	1	5	2			3	4			
2010年(1,005人)	78.9	29.8	63.7	14.3	26.7	40.5	31.9	0.5	1.2	2.8
	1	5	2			4	3			
2005年(1,004人)	83.3	39.5	62.2	20.2	30.4	40.0	45.8	―	0.9	―
アメリカ	1		2		5	3	4			
2010年(1,000人)	75.8	30.4	60.4	21.6	50.7	58.6	50.8	3.1	1.3	2.5
	1		3		5	2	4			
2005年(1,000人)	75.9	16.4	48.5	15.8	42.5	50.5	46.4	0.9	1.0	3.6
フランス	2		1		4	3	5			
2010年(1,002人)	56.6	15.2	62.4	6.1	37.6	52.9	29.4	0.6	1.2	0.8
	1		2		4	3				
2005年(1,006人)	63.8	22.3	62.0	5.6	33.7	45.1	32.1	0.4	2.8	1.3
スウェーデン	3	5	2		4	1				
2010年(1,001人)	58.7	47.8	63.1	36.6	50.7	69.1	44.5	2.8	1.6	7.0
	3	5	2		4	1				
2005年(1,019人)	71.1	60.5	74.7	46.7	65.5	85.4	55.7	0.6	0.1	0.7

注：上段の網掛け数字は各国の上位5項目の順番
　　この設問は調査対象者全員に問い、子どものいない対象者には、仮に自分が子育てをする場合を想定して回答してもらった。
出所：内閣府（2011）「少子化に関する国際意識調査報告書」
　　http://www8.cao.go.jp/shoushi/shoushika/research/cyousa22/kokusai/pdf_gaiyo/s1.pdf（最終検索日：2016年2月29日）

　フランス：「1人」8.5％（11.8％）、「2人」47.3％（44.8％）、「3人」26.1％（24.1％）、「4人以上」12％（12.5％）、「ほしくない」3.4％（6.4％）で平均2.4人（2.3人）。

　スウェーデン：「1人」7.6％（6.7％）、「2人」49.9％（49.5％）、「3人」27.6％（29.5％）、「4人以上」10.4％（10.1％）、「ほしくない」5.3％（3.5％）で平均2.4

人（2.4 人）。

　総括すると日本では「2 人か 3 人」を希望する人が 8 割を超え「4 人以上」は 5 カ国中一番少なく、平均数も 2.4 から 2.3 へと減少している。韓国は「1 人」を希望する人の伸び率が高く「ほしくない」と答える人が一番少なく平均数は 2.3 から 2.2 へと減少している。アメリカは 4 人以上を望む人が一番多く、平均数は 2.3 で変わらない。フランスは「1 人」を希望する人が 5 カ国中唯一減少し、反対に平均数が 2.3 から 2.4 へと増えている[12]。

　では、実際の 1 夫婦の子どもの平均数を同じ調査で見てみる。日本は 1.2 人（1.3 人）で「子どもはいない」は 38.3%（34.8%）。韓国は 1.1 人（1.1 人）で「子どもはいない」は 40.9%（39.6%）、アメリカは 1.3 人（1.4 人）で「子どもはいない」は 39.2%（36.5%）。フランスは 1.4 人（1.3 人）で「子どもはいない」は 33.5%（40.2%）。スウェーデンは 1.3 人（1.4 人）で「子どもはいない」は 36.6%（37.9%）であった。実際にもつ子どもの数は、前述の「欲しい子どもの数」よりは 1.0 人程度少ないことがわかる。しかも、2005 年の数値より 2010 年の数値の方がフランス・韓国以外は 0.1 減っている。さらに日本、韓国、アメリカにおいては「子どもをもたない人」の数が増えている。

　この結果で特筆すべきはフランスである。5 カ国の中で唯一平均数が増加したばかりでなく、「子どもがいない」夫婦も 6.7 ポイントも減少したのである。他の 4 カ国に比べフランスでは少子化に歯止めがかかっているといえよう。これは国の政策（多く産めば多くもらえる家族手当、公立高校の無料化、育児休業の充実、パックス婚によって結婚にとらわれない平等な社会が実現され女性の子どもをもつ心理的負担が軽減された）が功を奏した結果であろう。

　次に、「さらに子どもを増やしたいか」という調査があり、2010 年時 5 カ国比較で「今より子どもは増やさない、または増やせない」と答えた人が一番多かったのは日本と韓国であった（日本 47.5%、韓国 43.9%）。アメリカ、フランス、スウェーデンでは「希望する子ども数になるまで子どもを増やしたい」が最も高い（アメリカ 62.7%、フランス 61.5%、スウェーデン 76.1%）[13]。

　次に図表 4-4 は「希望する子ども数まで、または今より子どもを増やさない、増やせない」と回答した人にその理由を聞いた結果を示している。2010 年時、日本の男女ともに「子育てや教育にお金がかかりすぎるから」が一番高かった

（男性44.6％、女性39.5％）。2位は男女とも「自分または配偶者が高年齢で、産むのがいやだから」（男性26.8％、女性35.1％）、3位は男性「子どもがのびのび育つ社会環境でないから」「配偶者が望まないから」「働きながら子育てができる職場環境がない」（すべて14.3％）、この「働きながら子育てができる職場環境がない」は女性の3位でもあり26.3％をしめている。女性の4位は「健康上の理由から」（18.4％）、女性5位は「雇用が安定しないから」（女性14.9％）であった。

　第1位の「教育にお金がかかりすぎるから」は、日本以外の国においても子どもを増やしたくない理由になることがわかっている。各国比較では、男女ともに日本、韓国、アメリカで「子育てや教育にお金がかかりすぎるから」が一番高い。その割合を見ると、日本は男性44.6％、女性39.5％、韓国は男性73.3％、女性78.3％、アメリカは男性35.0％、女性30.6％であった。ただし、アメリカで子どもを増やせないと回答したのは全体の13.5％にしかすぎないので、教育費負担の問題が、日本や韓国ほど深刻ではないことがうかがえる。韓国は大学の受験競争が厳しいことで知られており、小さなころから、深夜まで学習塾通いをすることも普通である。それにひきかえ、アメリカは、大学の授業料は高いが、返済の必要のない給付型奨学金や、低金利の教育ローンが充実している。さらに、フランスとスウェーデンの大学は、授業料が原則無料となっている。

　日本においても保護者は、韓国ほどではないにしろ、重い教育費負担に苦しんでいるといえる。日本では子どもを1人育てるのに教育費（学校の費用と塾代）の平均額が、幼稚園から大学まで公立に通った場合801万円、幼稚園から大学まで私立（理系）に通った場合2,181万円かかるとされている（図表5-2参照）[14]。子どもの教育費は、保護者にとって避けては通れない問題である。安く済まそうとすれば子どもの将来が不安になるし、十分かけようとすれば負担が重くなるのである。

　理想の子どもの数まで子どもを増やせない理由の第2位の「自分または配偶者が高年齢で、産むのがいやだから」は、晩婚化の影響を受けていると考えられる。この理由は女性4位の「健康上の理由から」にも通じるもので、妊娠・出産・育児が女性により多くの負担となっていることを表している。また、高年齢出産によって生まれる子どもの健康状態に不安をもつ気持ちもあることが推測できる。

図表 4-4 子どもを増やしたくない理由（男性）

(%)

男性		子育てや教育にお金がかかりすぎるから	保育サービスが整っていないから(*1)	雇用が安定しないから(*2)	働きながら子育てできる職場環境がないから(*3)	自分の昇進・昇給に差し支えるから(*4)	家が狭いから	子育てがしにくい社会環境だから	自分や夫婦の生活を大切にしたいから	自分が高年齢で産むのはいやだから	自分または配偶者が高齢での出産は身体的・精神的負担が大きい	健康上の理由から	欲しいけれどもできないから（妊娠）	配偶者の家事・育児への協力が得られないから	これ以上、配偶者が望まない	その他	特にない	わからない
日本	2010年(56人)	①44.6	5.4	10.7	14.3	1.8	12.5	14.3	5.4	26.8	8.9	–	10.7	3.6	1.8	14.3	3.6	7.1	–
	2005年(67人)	①55.2	–	–	–	7.5	10.4	7.5	13.4	32.8	11.9	7.5	9.0	1.5	1.5	6.0	1.5	4.5	–
韓国	2010年(60人)	①73.3	20.0	16.7	15.0	–	3.3	6.7	3.3	33.3	13.3	1.7	8.3	3.3	–	15.0	–	–	–
	2005年(66人)	①69.1	–	–	–	11.0	14.2	18.8	7.9	28.4	12.1	13.1	7.1	10.6	–	17.9	4.9	1.4	1.5
アメリカ	2010年(20人)	①35.0	–	15.0	–	–	10.0	5.0	15.0	15.0	5.0	5.0	25.0	–	–	5.0	20.0	5.0	10.0
	2005年(24人)	33.3	–	–	–	8.3	4.2	4.2	–	16.7	4.2	8.3	8.3	4.2	–	16.7	12.5	8.3	4.2
フランス	2010年(34人)	11.8	11.8	11.8	8.8	2.9	14.7	8.8	–	①20.6	5.9	14.7	8.8	2.9	–	14.7	8.8	17.6	–
	2005年(27人)	17.7	–	–	–	3.7	9.8	17.2	23.6	21.8	6.8	9.5	7.5	5.0	–	28.2	16.0	3.1	4.3
スウェーデン	2010年(8人)	–	–	–	–	–	12.5	–	12.5	12.5	12.5	12.5	12.5	–	12.5	12.5	37.5	12.5	12.5
	2005年(11人)	18.2	–	–	–	9.1	18.2	–	18.2	45.5	18.2	9.1	18.2	–	–	18.2	18.2	–	–

第4章 子ども

女性		お金がかかり十分な教育ができないから(*保育)	雇用が安定しないから(*)	が働く環境が整わないから(*)	自分の昇進・昇給に差し支える(*)(**)	家が狭いから	い子育てが社会環境での喜びを	らを自分の時間が大切にしたい生活	のが高年齢まで産むこと	えが自分の仕事や家事の負担に配偶者が協力的	自分の妊娠・出産・育児に精神的苦痛	健康上の理由から	妊娠しにくいけれど	れ配偶者の協力が得られない育児方針	か配偶者が望まない	その他	特になし	わからない
日本	2010年(114人)	1 39.5	5 14.9	3 26.3	2.6	11.4	7.0	6.1	2 35.1	14.0	6.1	4 18.4	12.3	9.6	5.3	0.9	1.8	–
	2005年(125人)	1 56.8	–	–	4 16.8	5 11.2	5 11.2	3.2	2 31.2	9.6	8.8	3 19.2	6.4	7.2	1.6	4.8	0.8	0.8
韓国	2010年(69人)	1 78.3	4 17.4	2.9	2.9	7.2	10.1	1.4	3 33.3	5.8	5 14.5	7.2	5.8	7.2	2.9	–	1.4	–
	2005年(97人)	1 67.6	2 34.8	4 15.5	4 15.5	2.1	5 15.1	6.1	4 34.7	3 19.1	13.5	12.4	8.2	2.8	5.0	1.8	2.9	–
アメリカ	2010年(36人)	1 30.6	–	–	2.8	4 13.9	5.6	7.1	11.1	5.6	2.8	2 27.8	2 27.8	5.6	5 11.1	–	5.6	2.8
	2005年(28人)	2 28.6	–	–	–	10.7	3.6	7.1	14.3	3.6	–	1 39.3	28.6	14.3	4 17.9	4 17.9	7.1	–
フランス	2010年(49人)	3 22.4	5 18.4	2 34.8	2.0	5 18.4	4.1	6.1	2 24.5	4.1	–	1 28.6	6.1	6.1	4 20.4	10.2	8.2	4.0
	2005年(49人)	4 11.0	–	10.2	10.6	6.2	–	2.5	3 18.7	4.1	–	43.1	5 10.7	5.6	20.3	7.4	4.6	–
スウェーデン	2010年(23人)	4.3	4.3	–	4.3	4 8.7	4.3	4 8.7	1 34.8	–	4 8.7	2 26.1	4.3	4.3	3 13.0	4 8.7	–	4 8.7
	2005年(33人)	3.0	–	–	6.1	9.7	3.0	3.0	1 39.4	4 12.1	9.1	24.2	2 12.1	3.0	3 21.2	6.1	3.0	3.0

注1：上段の網掛け数字は各国の上位5項目の順番
注2：(*)を付した選択肢は前回調査から新規に追加したものである。
注3：(**)を付した選択肢は前回調査では、「自分の仕事(勤めや家業)に差し支えるから」と回答したものである。この選択肢は今回調査実施時には、「4働きながら子育てができる職場環境がないから」と「5自分の昇進・昇給に差しつかえるから」とに分けて質問している。
出所：内閣府（2011）「少子化に関する国際意識調査報告書」
http://www8.cao.go.jp/shoushi/shoushika/research/cyousa22/kokusai/pdf_gaiyo/s1.pdf（最終検索日：2016年2月29日）

「働きながら子育てできる職場環境がないから」「雇用が安定しないから」は共に日本において女性のポイントの方が高い。仕事と子育てが円満に両立できれば、子どもを増やそうとする女性が多いことを示唆している。

次に、図表4-5は子育てにたいする楽しさ・辛さの調査の結果を示している。日本において「楽しさを感じるときの方がかなり多い」と「楽しさを感じるときの方がやや多い」を足した割合は85.7%にものぼる。スウェーデンの92.5%、韓国の91.6%、アメリカの89.2%、フランスの87.7%に次いで5カ国中最下位ではあるが、2005年の85.1%からは微増している。この数字は、結婚して子どもをもつことは良いことだというアピールポイントになる。

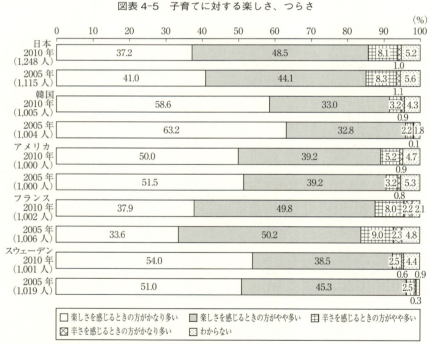

図表4-5 子育てに対する楽しさ、つらさ

この設問は調査対象者全員に問い、子どものいない対象者には、仮に自分が子育てをする場合を想定して回答してもらった。
出所：内閣府(2011)「少子化に関する国際意識調査報告書」http://www8.cao.go.jp/shoushi/shoushika/research/cyousa22/kokusai/pdf_gaiyo/s1.pdf（最終検索日：2016年2月29日）

（5）子どもをもつことによって変わる人生

　一昔前までは、「結婚は永久就職」という言葉があった。「家事手伝いとして家にいるか腰掛けで勤めて結婚が決まると寿退社をして、結婚の準備をして結婚をしたら専業主婦になる」が一般的な女性のライフコースであった。当時は女性の人生をもっとも変える転機が結婚であったのだ。しかし、現在では結婚しても仕事を辞める人より出産して仕事を辞める人の方が多い。現在においては、妊娠・出産が結婚にとってかわったのである。

　次に「妊娠・出産が女性の人生にどのような影響を与えるか」を検討する。図表4-6は2010年に国立社会保障・人口問題研究所が行った「調査別にみた。未婚女性の理想予定のライフコースおよび男性が期待する女性のライフコース」の結果である。調査では18歳から34歳の未婚の女性には「理想のライフコース」と「実際にとりそうなライフコース」を、男性には「女性に期待するライフコース」を聞いた。選択肢は「専業主婦コース」（結婚し子どもをもち、結婚あるいは出産の機会に退職し、その後は仕事をもたない）「再就職コース」（結婚し子どもをもつが、結婚あるいは出産の機会に退職し、子育て後に再び仕事をもつ）「両立コース」（結婚して子どもをもつが、仕事も一生続ける）「DINKSコース」（結婚するが子どもはもたず、仕事を一生続ける）「非婚就業コース」（結婚せず、仕事を一生続ける）の中から選んでもらった。

　興味深いのは私の授業をとる女子大生と同じように、女性は「再就職コース」を理想としている人が一番多いことである（35.2％）。女性の予定ライフコースにおいても「再就職コース」は減少傾向にあるが一番人気を独走している（36.1％）。しかし「両立コース」は女性の理想ライフコースにおいても予定ライフコースにおいても増加傾向にある。「両立コース」が理想ライフコースより予定ライフコースにおいて割合が低いのは、両立が現実には厳しいということであろう。この結果から、理想では「両立コース」をとりたいが、実際は難しそうだから「再就職コース」にしたという女性が多いことがわかる。

　専業主婦を理想とする女性は19.7％だが予定している女性は9.1％であり、働かざるをえない状況も察することができる。1つ注目すべきことは非婚就業を予定している人が増加傾向にあり17.7％も占めていることであり、非婚社会を表している。

図表 4-6　調査別にみた、女性の理想・予定のライフコース、男性が女性に望むライフコース

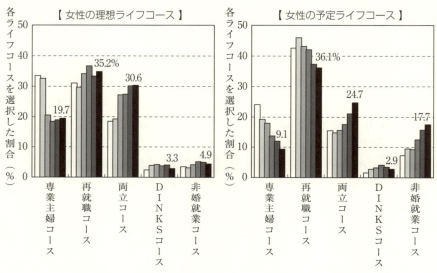

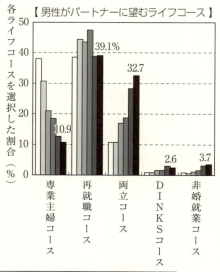

注：対象は 18 ～ 34 歳未婚者。その他および不詳の割合は省略。

設問

女性の理想ライフコース：（第 9 ～ 10 回調査）「現実の人生と切りはなして、あなたの理想とする人生はどのようなタイプですか」、（第 11 ～ 14 回調査）「あなたの理想とする人生はどのタイプですか」。

女性の予定ライフコース：（第 9 ～ 10 回調査）「これまでを振り返った上で、実際になりそうなあなたの人生はどのようなタイプですか」（第 11 ～ 14 回調査）『理想は理想として、実際になりそうなあなたの人生はどのタイプですか」。

男性がパートナー（女性）に望むライフコース：（第 9 ～ 12 回調査）「女性にはどのようなタイプの人生を送ってほしいと思いますか」、（第 13 ～ 14 回調査）「パートナー（あるいは妻）となる女性にはどのようなタイプの人生を送ってほしいと思いますか」。

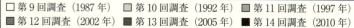

出所：国立社会保障・人口問題研究（2011）「第 14 回　出生動向基本調査」http://www.ipss.go.jp/ps-doukou/j/doukou14_s/chapter3.html（最終検索日：2016 年 2 月 29 日）

一方、男性が妻に望むライフコースは「再就職コース」(39.1%) が1位であるが、急上昇しているのが「両立コース」(32.7%) で、急下落しているのが「専業主婦コース」(10.9%) である。このことから、妻に働いてほしい男性が増えていることがわかる。その背景には男性をとりまく雇用状況の悪化があるとみられる。妻が働くことで給料カットやリストラのリスクを回避したいと思っている男性が多いのである。

女性の理想のライフコースの国際比較は、内閣府(2011)「少子化社会に関する国際意識調査」においても調査されている。「出産するが、子どもの成長に応じて働き方を変えていく」が日本の男女(50.6%、60.1%)、韓国の男女(58.6%、64.6%)、アメリカの男女(30.8%、37.3%)、フランスの男女(35.2%、42.6%)に1位の支持をうけている。一方、スウェーデンの男女の1位は「出産するが、子どもの成長に関係なく働き続ける」(56.5%、44.2%)であった。アメリカ、フランスは日本や韓国ほど高くはないが、出産のために職を辞めたり変えることを厭わないという結果であったが、スウェーデンにおいては働き続けることに、より重点がおかれていると言える。

2. 妊　　活

最近「妊活」とか「産活」とかいう言葉を聞いたことはないだろうか？　妊活とは晩婚化が進む現在、生殖学的な妊娠適齢期を視野にいれつつ妊娠・出産について正しい知識を身につけ将来の妊娠にそなえて前向きに考えて、行動することである。産む、産まないの決断はまだ先でも、せっかく女に生まれたからには一度は真剣に考えておきたいのが妊娠と出産である。妊娠・出産には大まかな計画が必要である。各年齢ごとに、自分の体の状態を知りライフプランを見直しその時々でベストな選択ができるよう準備してほしい。

40代以降での出産がメディアで取り上げられたり、見た目がエイジレスな女性が増えていることもあって「出産もエイジレス」と思っている女性が多い。しかし妊娠には避けられないリミットがあることを認識しておくべきである。35歳を境に卵巣機能は徐々に低下し排卵しにくくなり、女性ホルモンの分泌量も

減ってくるので妊娠しにくくなるのである。また、女性の卵巣から毎月排出されている卵子は毎月誕生しているのではなく、生まれる前から女性のお腹の中にあって、それ以上増えることはないのである。つまり、卵子は女性と同じ年齢の分、古くなっていくのだ。20代の若い卵子に比べ40代の卵子は、受精しにくく、受精できたとしても着床しないことも多く、正常に細胞分裂しないで流産する可能性が高くなる。不妊治療によって妊娠した女性の流産率は35歳で20％、41歳で40％、46歳以降では80％以上である。また高齢出産は、母体に高血圧を引き起こす妊娠中毒症、高血圧や糖尿病の合併症の重症化、胎児の染色体異常、出産時の大量出血といった危険性も増加する[15]。無事に産み終えたとしても、産後の後遺症が心配であるし、なにより元気で子どもを育てられるのかにも留意が必要だ。

　長年にわたる不妊治療の末、第三者の卵子と配偶者との子どもを2011年に50歳で産んだ野田聖子議員が著書『この国で産むということ』の中で、「初潮のころに性教育らしきものを受けたきり、女性のからだの仕組みや妊娠・出産について、知る機会がありませんでした。生理がある間は妊娠するだろうくらいに思っていました」「子どもは欲しいけれど、今は仕事が面白いからもう少しあとで。そう考えている30代女性は、たくさんいるのではないでしょうか。避妊には関心があっても、妊娠はなりゆきまかせ、生理があるうちは大丈夫と無邪気に構えている女性たち。私もそのうちの一人でした。その結果は…後悔先に立たず。後輩たちに私と同じ思いをさせてはいけない」と述べている。子どもを望むなら「妊娠にはタイムリミットがある」という自覚が必要なのである。

　イギリスのカーディフ大学の調査によると、アジア、オセアニア、欧米の18カ国の中で日本は妊娠に関する知識、不妊や不妊治療に対する理解度は男女とも16位以下と低いレベルであるということが判明した。この調査は2009年から2010年に、パートナーがいて妊娠を望む18カ国の20代から40代前半のカップル約1万人に対して行われた。その結果から日本人は妊娠についての知識が乏しく、不妊についてもオープンに話す環境になく、知識の欠如が受診の障壁になっていることが明らかになったのである[16]。

　妊娠教育は少子化に悩む先進国では盛んに行われるべきである。日本では避妊について教わることはあっても妊娠をしろとは教えられない。日本女性の約60％が「40代女性は30代女性と同じ確率で妊娠する」、70％は「生理が続く限

り妊娠できる」と考えているというデータもある[17]。日本でも妊娠教育によって正しい知識を広めることが今求められている。知識がないことで持ちえたチャンスを逃してしまわないことが大切である。充分な情報をふまえたうえで、「産むのか産まないのか、産むとしたらいつなのか」を自分で決める必要がある。

さらに、子どもを複数もちたいという女性は、より慎重な計画性を求められる。なぜなら、複数の子どもをもちたい場合は、より育児期間が長期におよび、経済的負担も増すからである。しかし、子どもを複数もつメリットも多い。子どもも2人目、3人目となると、両親の経験が増えるばかりでなく、子どもどうしの相互関係の中で切磋琢磨して経験豊かに育つからである。

次に、若いうちからの潜在的妊娠力を高め維持するための心得をあげる。卵子の高年齢化を止めてしまうことはできないが、肉体の老化に個人差があるように、卵子の状態を良好に保つことは可能だ。以下のことに気をつけて、健康な卵子を排卵する能力をキープしよう。

1) 基礎体温を測る

基礎体温とは安静時の体温のことで、女性の体のサイクルを知る指標となる。朝、起きだす前の体温を毎日測り記録して基礎体温表を作ってみる。月経、月経痛、その他変わったことは記入しておく。正常なら一定の月経周期ごとに、「低温期」「排卵日の後の高温期」ときれいに分かれるはずである。月経周期の乱れや月経痛はホルモンバランスの崩れや病気が原因であることも多く、不妊の原因になりうる。自分の健康管理のため、病気の早期発見のためにも基礎体温表をつける。婦人科を受診する時にも重要な判断材料になる。

2) 年に一度は婦人科で受診を

子宮関係の病気は自覚症状が出る頃には進行してしまっていることが多い。気づかないうちに、子宮頸がんや性感染症になる人もいる。子宮頸がんにかかった場合、子宮や子宮の回りの臓器を摘出しなければならないこともあるため、当然妊娠・出産にも大きな影響を及ぼす。子宮頸がんは、ヒトパピローマウイルスというウイルス感染によって発症するとされ、多くの場合は性交渉によって発症する。そのため、セクシャルデビュー（初交）の前にワクチンを打つことによって、予防ができるというのが大きな特徴である。

HIVや肝炎は別だが、感染症のほとんどは内服薬や抗生物質などで治すこと

が可能であるという。だが、クラミジアのように自覚症状のないまま骨盤や卵管に広がって不妊症の原因になる病気もある。年に1回は検診を受け、自分の婦人科系の状態を知り、医師のアドバイスを受け、未来の妊娠力を守ることが、将来後悔しないために大切である。

　また、ひどい月経痛や経血量過多は、子宮内膜症や子宮筋腫などが原因の場合がある。いずれも命にかかわる病気ではないが不妊の原因になりうる。一度、専門医に相談することが大切である。

3）セーフセックス

　想定外の妊娠を避けるため、エイズや性感染症から身を守るため、一番手軽で確実なのはコンドームである。子どもを望むようになってから病気に気付いて困らないように、安全策は万全にする。性感染の有無がわからない相手と無防備なセックスをしてしまった場合は、性感染・妊娠の有無の検査を行うこと。ただし、HIVに関しては、抗体ができるまでに2カ月程度かかるので、それ以降検査を行うように注意をする。

4）食品添加物に気をつける

　添加物中には胎児に悪影響を与えるものがある。しかも添加物は一度体内に入ると排出されにくい。安全なものを食べて体内もきれいに保つことを心がける。タバコ、カフェイン、アルコールのとりすぎにも気をつける。

5）身体を冷やさない

　妊娠力を保つには身体を冷やさないことが大切である。特に下半身の冷えは、子宮や膣を収縮させて、骨盤内の血流を悪くさせる。おしゃれのためのナマ足やへそ出しファッションも妊娠力を低下させるのである。

6）過度のダイエット、不規則な生活、ストレスを避ける

　過剰なダイエットはホルモンバランスを崩し生理が止まる原因になりやすい。免疫力も低くなり妊娠力低下につながる。不規則な生活やストレスも同じような影響を与える。太りすぎにも気をつけること。出産をライフプランに組み込むには、妊娠最適年齢を視野に入れて、妊娠に関する正しい知識をバランスよく取り入れておくことが大切である。

3. 不　　妊

(1) 不妊の状況

　WHOによると不妊症の定義は「男女が避妊なしで性行為を行った場合に2年以内に妊娠しない状態」となっている。通常は、女性の性周期のうち排卵期に性行為を行った場合、妊娠確率が30%程度といわれている。これは一見低い数字のようだが、1回の性周期あたりの妊娠確率が30%であっても、積み重ねによって妊娠の確率は1年後には約80%、2年後にはおよそ90%と上がっていく。不妊症は、全カップルのうち1割程度いるといわれている。つまり、10組のうち1組のカップルは不妊に悩むか、もしくは気づいていない状態といえるのである。

　不妊症の原因は女性側にも男性側にもあり、検査によって何が問題で不妊症になっているのかを調べる。女性に原因がある場合が41%、男性に原因がある場合が約24%、男性と女性の両方に原因がある場合が約24%、原因不明が11%とWHOの調査でわかっている。不妊症は、今まで妊娠したことがない人だけではなく、過去に妊娠や分娩を経験した人もなりうる。

　国立社会保障・人口問題研究所の第14回出生動向基本調査（2011年）によると不妊を心配したことがある（現在心配している）夫婦は、前回調査（2005年）の25.8%から31.1%に増えた。子どものいない夫婦ではこの割合は前回調査の44.7%から52.2%に増えている。また、実際に不妊の検査や治療を受けたことがある（または現在受けている）夫婦は全体で16.4%、子どものいない夫婦では28.6%であった[18]。

(2) 不妊治療

　海外では事実婚や独身者や同性愛者でも体外受精治療を受けることができるが、日本において不妊治療は法律的に結婚している夫婦においてのみ可能である。不妊治療は妊娠する可能性がある限り治療を受けることは可能であるが、成功するとは限らない。生命の誕生に医療技術を使うことへのためらい、高額な費用、精神的な苦痛を考え、自分やパートナーだけでなく、周りの環境も考えて、依存しすぎず慎重に選択するべきである。

1） 一般不妊治療

① タイミング療法

女性の排卵日前後に性交を行う。通常6～8カ月続けても妊娠に至らない場合は人工受精に移行する。

② 人工受精

男性の精子の数が少なかったり、運動性が良くないケースや、EDなどでセックスができないなど、主に不妊の原因が男性にある場合に適用される。人工的に行われるのは精液から運動性の良好な精子を子宮の奥へと注入することだけで、受精は自然妊娠と同じく卵管で起こり、その後の卵子の着床、発育も自然妊娠の状態とまったく変わらない。人工授精に保険適用はない。人工授精には2種類あり、男性側に造精能力や精路に異常があり、通常の性交で妊娠ができなくて、男性自身の受精能力のある精子を使って人工授精する配偶者間人工授精（AIH）と、男性側が無精子症などで受精能力のある精子を作れない場合に他人の精子を受精させる非配偶者間人工授精（AID）がある。

2） 高度不妊治療（ART）

① 体外受精

女性の卵巣内から卵子を体外へ取り出し、精子と人工的に授精させ、受精卵を体内に戻す。女性の卵管にトラブルがある場合や子宮内膜症がある場合は有効である。受精し子宮に戻すことは人工的に行われ、着床し、その後体内で成長していく過程は自然妊娠と同じである。しかし保険適用外なので費用は全額自己負担であり、1回当たりの治療費が高額であることや、排卵誘発剤などによる女性の体への負担、また卵子が変成する可能性や、妊娠の確立を上げる為に複数個の受精卵を体内へ戻すので多胎児が生まれやすいことや、体外受精で生まれた子への影響は解明されていない。

② 顕微授精

精子の濃度や運動率が低い場合や、精子の状態が良くても、体外受精で妊娠しなかった場合に、この方法を検討する。1個の卵子に1個の精子を注入して受精させる。無精子症で精液の中に精子がなくても、精巣の中に精子があれば精巣から精子を取り出して顕微授精できるようになった。

図表 4-7 は不妊について家族や友人に情報開示をしやすいか、不妊治療に積極的に取り組みたいか、について国際比較をした結果を示している。近年、不妊治療にふみきる夫婦は多くなってきているが、他国に比べると割合は低い。その原因の1つは不妊症に関する正しい知識の欠如である。もう1つは、不妊とわかったとき、家族や友人に対してオープンに相談をする人が少ないという国民性である。日本では生殖能力が人間としての価値を左右するような考えをもっている人も多く、検査をして生殖能力が低いと判断されることを極端に嫌う人が、特に男性に多いようだ。妊娠を望んでいるのに、望んでいないように取り繕う夫婦も多いことから、なかなか実像は見えてこない。出生率改善のためには、こうした問題を改善していく必要がある。

図表4-7　不妊について家族や友人に情報開示をしやすいか

注：日経ヘルス 2010 年 9 月号「効くニュース Special」ヨーロッパ生殖医学会発不妊治療の最前線リポートより転載
出所：妊活ネット　ヨーロッパ生殖医学会不妊治療の最前線レポート
http://www.ninkatsu.net/jp/info/0001.html（最終検索日：2016 年 2 月 29 日）

> **参考** 代理出産
>
> 女性の卵巣や子宮に異常がある場合に、男性の精子で第三者の女性に人工授精か体外受精し、子どもを産んでもらうことを代理出産といい代理母出産とも言う。現在日本では代理母への身体的負担などから代理出産は認められておらず、海外で実地するしか方法はない。また海外で実地した場合も、日本国内での戸籍など多くの問題がある[19]。

4. 子どもをもって働く環境

　育児と仕事の両立を考えるなら、まず産前産後休業や、育児休業についての法律、自分の会社の就業規則、実際の制度の運用状況、休暇中の給与や手当について、先取りして調べておくべきである。出産休業や育児休業は正社員だけに許された制度だと思っている人が多いが、人材派遣会社に登録して働く場合や企業の契約社員として働く場合でも、一定の条件を満たせば、この制度は適用される。また、正社員であっても雇用環境の悪化などによって、就業規則が実質は守られなかったり、出産を機に雇用契約を打ち切る「産休切り」や「育休切り」も起こりうる。その場合、多くは企業の業績悪化や業務縮小によるリストラという形をとるため表に出ることは難しい。疑問に思ったら、厚生労働省の総合労働相談コーナーに相談してみるとよい。それらの情報を知り支援制度を活用したライフプランができたら、「どうせ無理だろう」と仕事を辞めずにすむ場合も多いのである。

（1）出産休業

　出産休業とは、妊産婦が母体保護のため出産前及び出産後においてとる休業の期間である。産休(さんきゅう)とも称される。産前休業は、使用者は、6週間（多胎妊娠の場合は14週間）以内に出産する予定の女性が休業を請求した場合においては、その者を就業させてはならないものである。健康状態には個人差があるので本人が働けると判断すれば請求しなくてもよい。一方、産後休業は、産後8週間を経過しない女性を、就業させることができないものである。ただし、産後6週間を経過した女性が請求した場合において、その者について医師が支障がないと認め

図表 4-8 妊娠・出産・育児をしながら働く女性のための制度（2015 年）

妊娠・出産・育児をしながら働く女性のための制度はたくさんあります！

| 妊娠期 | 産前6週間 | 産後8週間 | | 1歳 | 3歳 | 小学校入学 |

母性保護などの制度
- 時間外労働（※）や深夜業ができない場合、それらの制限の申出・請求をすることができます。
- 妊婦健診を受けるための時間を確保したり、ラッシュを避けるために通勤の時間をずらしてもらうことも申出・請求することができます。

育児時間（1日2回、少なくとも各30分）

産前・産後休業、育児休業関係

出産　6週間　8週間

産前・産後休業
パート・アルバイト等を含め、すべての女性が産前・産後休業を取得できます。

遅くとも、育児休業開始予定日の1か月前までに会社へ育児休業申出書などを提出します。

育児休業
育児休業給付の給付割合が、休業開始6ヶ月につき、67％に引き上げられました！

- パート・アルバイト等であっても、一定の要件を満たせば取得できます。
- 女性は産後休業終了後から、男性は出産予定日から取得できます

保育所に入所できないなどの事情があれば、1歳6か月まで育児休業を延長することができます。

両親共に育児休業を取得した場合は、休業対象となる子の年齢が原則1歳までから原則1歳2か月までに延長されます。（パパ・ママ育休プラス）

産休、育休期間中は社会保険料負担が免除されます！

休業以外の制度

他にもこういう制度もあります！
事業主に申出・請求することで利用できます！

- 短時間勤務制度（所定労働時間を1日原則6時間にする制度）
- 残業（所定外労働※）の制限
- 子の看護休暇（子が1人なら年5日、2人以上なら年10日）
- 時間外労働の制限（1か月24時間、1年150時間まで）、深夜業（午後10時〜午前5時）の免除

※時間外労働：労働基準法で定められている1日8時間または1週間40時間を超える労働。
　残業（所定外労働）：会社で決められている始業から終業までの時間を超える労働。

出所：厚生労働省ホームページ（2015）「ストップ！マタハラ〜『妊娠下から解雇』は違法です」女性向きパンフレット
http://www.mhlw.go.jp/file/06-Seisakujouhou-11900000-Koyoukintoujidoukateikyoku/0000088306.pdf（最終検索日：2016年2月29日）

た作業に就かせることは、差し支えない。

　これらの期間の賃金の支払いについては、労働法に規定がなく、それぞれの労働契約の内容による。ただし、健康保険制度に加入している労働者であって賃金の支払いを受けられない者に対しては、健康保険から出産手当金が支給される。支給額は1日につき標準報酬日額の3分の2である。例えば、税金や社会保険

料が引かれる前の額面の月給が24万円で産休が98日間だとすると、出産手当金は約52万3,000円である（24万円を30日で割った額の3分の2×98日）。もしも会社が給与を全額支給してくれる場合は、出産手当金は受け取れない。また、給与の一部を会社が支給してくれる場合、出産手当金からその額を差し引いた額が受け取れる。

（2） 育児休業

　育児休業とは、1歳（特別な場合を除く）に満たない子を養育する労働者が法律に基づいて取得できる休業のことである。企業は子どもが1歳になるまで、産休が終わっても労働者が請求すれば、休みを認めなければならない。対象となるのは、育児休業に入る前の2年間のうち11日以上働いた月が12カ月以上ある人。雇用保険の保険料を支払っていることが条件である。条件をクリアしていれば、契約社員や派遣労働者、パートタイム労働者でも対象になるが、「期間雇用者」の場合、育児休業開始時に1年以上同じ会社で働いていて、子どもが1歳になる日を超えて、引き続き雇用される見込みがあることが条件である。原則、子どもが1歳になるまでの育休中、育児休業給付金が支給される。一定の要件を満たすと子どもが1歳2カ月（特別な事情のみ1歳6カ月）に達する日の前日までの間に、1年まで育児給付金が支給される。給付額は休業前の給与の50％（休業開始後6ヶ月は67％）×育休月数である。例えば、前述の額面24万円の月収の人が育休を10カ月とったとすると、給付金は144.48万円（24万円×0.67×6ヶ月＋24万円×0.5×4ヶ月）である。

（3） 育児休業制度と男性

　近年、「イクメン」という言葉が盛んに用いられている。その意味は、「育児を積極的に率先して行う男性」である。以前は、産休による出産後、女性が引き続き育児を行うことが一般的であった。「イクメン」という言葉には、育児休業基本給付金といった制度を利用し、育児休業をとって積極的に育児を行う男性を礼賛する意味が含まれている。しかし、実際に休業をとると給料が下がる、会社での評価が低くなる、育児休業をとる環境が整っていない、といった理由から、まだまだ育児休業をとる男性の数は少ないのが現状である。2014年度の雇用均等

基本調査によると、2012年10月1日から2013年9月30日までの1年間に配偶者が出産した男性のうち育児休業を開始した者は2.3%（女性は86.6%）にすぎなかった。

　期間については、女性の育児休業取得期間は、「10ヵ月以上1年未満」が最も多く32.4%だったが、「1年以上1年半未満」も24.7%と2008年度調査より約8ポイント増えており、長期化の傾向が見られた。大企業を中心に育児休業制度が整備されてきたと理解してよいであろう。しかし、男性は「1ヵ月未満」が取得者全体の81.3%を占めており、6ヵ月以上取った人の割合は1.5%にとどまった[20]。政府も2017年度までに男性の育児休業取得率を10%にまで上げることを目標としており、厚生労働省はさまざまな「イクメン」支援計画に努めているが、景気低迷を背景とした職場の人手不足や収入減少などで、育児休業をとらず働かざるをえない人が増えたことが取得率低迷の原因と思われる。

　そんな中、子育て期間中の働き方を見直し、仕事を続けやすい仕組み作りと父親も子育てができる働き方の実現を目指した「改正育児介護休業法」が2010年6月から施行された。その特徴は、①子育て期の短時間勤務制度の義務化。事業主に、3歳未満の子どもを養育する労働者に対する「短時間勤務制度（一日原則6時間）」を措置することが義務付けられた。②子育て期の所定外労働の免除の義務化。事業主は、3歳未満の子どもを養育する労働者が希望した場合に、所定外労働（残業、休日出勤）を免除することが義務付けられる。③子の看護休暇の拡充。小学校就学前の子どもの看護休暇が増やされた。また、「パパ・ママ育休プラス」（父親と母親がともに育児休業をとる場合、取得できる期間を1年2ヵ月に延長する制度）、「父親が子の出生後8週間以内に育児休業を取得した場合、2度目の取得も可能」「配偶者が専業主婦（夫）でも育児休業取得が可能」により、父親の育児休業をとりやすくして、女性の家事・子育ての時間や負担を軽減して、女性の継続就業を促進し、少子化に歯止めがかかることが期待されている。また、実効性の確保のため、育児休業の取得等に伴う苦情・紛争について、都道府県労働局長による紛争解決の援助及び調停委員による調停制度が設けられた。その上、勧告に従わない場合の公表制度や、報告を求めた際に虚偽の報告をした者等に対する過料も設けられた。

(4) 企業の取り組み

　厚生労働省の雇用均等基本調査によると、2014年度の女性の育児休業取得率は86.6%であり、かつてのように出産を機に退職する女性は減っている。一方、休業の長期化は顕著で、63.1%は10カ月以上育児休業をとっており、その場合産前産後休業を足すと1年以上職場を離れることになる。企業は、こうしたキャリアの中断が復職後に支障をきたさないで円滑に仕事復帰しやすいように独自に努力している。第一生命経済研究所は2005年と2010年に「企業における仕事と家庭の両立支援策に関するアンケート」を従業員301人以上の上場企業にインターネットで試みて結果を発表している。それによると2005年から2010年にかけて、多くの両立支援が高まっている。2010年調査において実施率が70%以上と高いのは「女性の育児休業取得70％以上」「短時間勤務制度」「ノー残業デーの導入等、所定外労働の削減措置」「育児休業や時間外労働・深夜業制限の周知・情報提供・相談」であった。今後企業が優先的に実施する施策では「ノー残業デーの導入等、所定外労働の削減措置」「年次有給休暇の取得を促進させるための措置」「男性の育児休業の取得（取得者1名以上）」の回答割合が高くなっている。これまでは育休および育休明けの女性社員の両立支援に重点が置かれていたが、今後は幅広い社員にかかわる両立支援を実施する意向になっている[21]。

　企業の独自案を検証してみると、「産前産後休業や育児休業でブランクが生じても、ゼロ査定にしないで休業前の評価を据え置く」制度をとりいれ、昇給・昇進が遅れるのを防ぎ、復帰後もモチベーションを維持する制度をとりいれているのが住友生命保険で、「本人と上司に人事担当者を交えての復帰プラン作成」制度をとりいれているのが大成建設である。社内の仕組みを知り公平な意見を述べる第三者を交えることで無理のない復帰プランができると好評である。また、社内の仕事と家庭の両立経験者のアドバイスを受けることが想像以上に功を奏している。オリックスはワーキングマザー懇親会を開き、すでに職場復帰をはたしたワーキングマザーが育児休業中の女性社員の相談にのっている[22]。

(5) 働くものとしてするべきこと

　いくら企業が努力してくれても、それに応えられるように働く側も努力が必要である。まずは、「育児休業後に戻ってほしい人材」になることが大切であ

る。妊娠中や職場復帰後は、同僚に仕事を助けてもらう機会も増えるため、その前に仕事で成果をだし同僚をサポートし、職場で信頼関係を築いておくことが大切である。「戻ってきてほしい人材」なら育児休業後の人間関係もスムーズにいくであろう。

　法制度や勤務先の育児支援策をどの程度使うかは個人の選択である。しかし、当然の権利だからという態度はとらないで、妊娠初期に「会社・仕事関係への報告」「会社内の規定をチェック」、妊娠中期に「仕事の引き継ぎ開始」「保育園、地域の子育て支援、かかりつけの小児科などの情報収集」、妊娠後期には「引き継ぎの最終確認」「職場・自宅の身辺整理」「得意先に産休に入る連絡」、出産後は「会社に出産報告、直属の上司、人事部とのまめな連絡」「保育園見学・応募・決定」「子どもの予防接種」「残業時、病児保育・病後保育」を考える。職場復帰後は「仕事の分量の調節」「保育園の調整」など円満な引き継ぎ、職場復帰ができるように責任をはたすことが大切である。周りとの軋轢を避けるためにも、謙虚な態度で臨むことが求められる。

　育児休業・出産休業は正社員ならすべての女性に与えられている権利である。もしも、会社に出産休業・育児休業制度がない場合、あるいは就業規定に書かれていない場合は、人事部に相談するべきである。不況による会社の業績悪化などを理由に出産休業・育児休業中に解雇されるケースもあるが、これは違法である。あるいは、妊娠がわかった直後に望まぬ部署に異動させるといった事実上の退職勧奨や、復帰後に短時間勤務や看護休暇を取得したことを理由に評価を下げるのも、「男女雇用機会均等法」が禁じる不利益取り扱いに当たる[23]。

　しかし、職場でキャリアを築きたいなら、制度を最大限使うのが得策とは限らない。なぜなら、短時間労働など通常とは異なる形態で働く期間が長くなるほど、キャリアの選択は狭まるというのが現状だからである。将来、どんな仕事をしたいのかを考えて、いつまでに通常勤務に戻ればそれが可能なのかを逆算して子育て支援策の利用期間を決めるとよい。制度を最大限使う前提で子育て期の働き方を決めると切り替えるのは難しい。まずは夫や親の協力が得られるかを検討し、できるだけ早期に通常勤務に戻れる手段を模索することが大切である。

　もう1つ、両立を容易にするためには、職場、住む場所、子どもを預ける場所を近くすることが成功の鍵である。職業に転勤がない場合や親と同居である場

合以外は、子どもの保育や教育環境、自分たちの仕事の距離に合わせて住み替えできるようにしておくことが得策である。

（6） 保育施設

自己実現のため、景気悪化による収入減のため、と理由はさまざまであるが、子どもを預けて働く母親の数は増えている。しかし、子どもを預ける施設の増設が追いついていない。国は2008年、受け入れ児童数を10年間で100万人増やす「新待機児童ゼロ作戦」を策定し、総額1千億円を投じている。しかし、現状においては、認可保育所への入園は、保護者が働いているなど、保育に「欠ける」要件が条件である。待機児童がいる場合は入園選考があり、申請書に家庭の状況が点数化され、必要度の高い人から入園者が決まる。

１）認可保育所

厚生労働省の認可を受けている施設である。

① 公立保育所

市区町村の直営で保育士は市区町村の公務員でベテランが多い。保育料は世帯収入に応じて変動し、収入の低い人は安価な保育料を払う。広い園庭があることが多い。ただし、0歳時を受け付けていない場合も多い。

② 私立保育所（民間）

多くが社会福祉法人によって運営され、仏教やキリスト教等の宗教色がある場合が多い。0歳時保育や延長保育には公立保育所より力を入れているところが多い。最近は、待機児童解消のための規制緩和によって、企業やNPO、学校法人が経営母体になることも可能になった。

２）認可外保育施設

株式会社、有限会社や個人が運営していることが多い。

① 自治体の助成施設

東京都の認証保育所、保育室、横浜市の横浜保育室など名称はさまざまである。都道府県、市区町村から運営費の助成を受けている。認可保育所より0から2歳時が定員に占める割合が大きい、13時間保育を義務付けられるなど、都心の保育事情に沿った基準がある。駅から近いことも推奨されている。

② 事業所内託児所

企業や病院内に設置され、運営費を企業が補助しているが、小規模な施設が中心。送迎・通勤を1カ所にまとめられるメリットがある。経営に関しては、外部の営利団体が請けることも多い。

③ その他託児施設

公的な助成を受けていない施設である。ベビーホテルは、認可外保育施設の中でも、19：00以降の保育、宿泊を伴う保育、時間単位で児童を預かる、を重点的に行う施設。保育室、保育士の資格保有者の数は施設によって千差万別であり、事前見学が奨励される。

3）その他

① 認定こども園

2006年にスタートした、幼保一体化、また待機児童対策の一環として、延長保育や就園に満たない年齢の子どもを預かる幼稚園や、幼稚園的な機能をもつ保育所等に対して都道府県知事が独自に認定し補助する制度。

② 市区町村の保育ママ制度

保育士や助産婦の資格をもった保育ママが家庭で子どもを預かる制度。市区町村が利用料に補助金を出している。ただし、実際の利用運営方法は市区町村によってさまざまである。

③ 無認可保育所

保育士の設置、スペースの確保などがどの基準も満たさず、認可も受けていない保育施設。しかし、中には英語教育などの特殊な教育を施すことを特徴とする保育施設もある。

④ 幼稚園の預かり保育

在園児（3歳以上）を、通常保育終了後に引き続き夕方まで保育する制度。園によって保育日や保育時間はさまざまであり、夏休みがある場合もある。

⑤ ファミリーサポート

地域内で、子どもを預けたい会員と預かる会員を引き合わせるサービス。財団法人女性労働協会が運営し、市区町村の役所内に窓口がある。内容は保育園の送迎、保育園の終了後の保育、保護者の病気や急用時の保育などがある。実際に預ける時間や細かい内容は、会員同士で話し合う。預かる会員は資格は必要でなく

研修を受けて活動をする。

⑥　ベビーシッター

保育者が自宅まで来て、マンツーマンで保育する。料金、サービスの内容、条件などは会社によって異なる。

⑦　病児保育・病後児保育

通常の保育施設は子どもに37.5℃を超える熱がある場合預かってくれないが、そういった場合にも預かってくれる看護士・保育士がいる保育施設である。

> 参考｜保育園と保育所の違い
>
> どちらも、厚生労働省管轄の「保育に欠ける子を預かる児童福祉施設」で同じ。法律的な正式名称は認可、無認可、認証、認定、私的、公立、私立などは関係なく「保育所」である。しかし、「保育園」という名称を使う自治体や市町村も多い。

（7）ワークライフバランス

国際化、情報化の波にのまれ、日本の雇用環境は変化を余儀なくされている。リストラ、昇給難、非正社員化などの雇用環境悪化は男性を直撃し、過労死や自殺、うつ病などの問題を引き起こしている。一方、パートナーである主婦の多くがその能力を活かしきれずにいる。それを改善するには、例え男性の賃金が下がっても労働時間を短縮し、代わりに主婦たちが収入を得られる「ワークシェアリング」社会が望ましい。

共働き世帯が増えると、女性が仕事と家庭を両立できるように、保育所を整備したり、育児休業制度を整えたりして、働く女性を支援する施策を導入する国が多い。「女性が就業しやすい社会的条件の整備が進んだ国では、子どもも産みやすい」というのは今や先進国の常識だ。その理由は、子育てにはお金がかかるからであり、経済的にゆとりがあると子どもを安心して産めるのだ。

そして、これらの女性就業支援の施策に加えて、男性をも含めた働き方そのものを変えようという機運が先進国では高まっている。具体的には、フレックスタイム制度や在宅勤務など、働く時間や場所、さらには週の労働日数などに柔軟性をもたせることで、個人が自分のプライベートな生活と仕事をバランスよくもてることを支援する施策である。有償の仕事だけでなく、育児、教育、家事、な

第4章 子ども　*111*

どの無償労働もワークシェアリングをする体制を作る。そうすることによって、ワーク・ライフ・バランスの導入された豊かな社会が実現されるのである。

5. 子育て事情

(1) 3歳児神話

　3歳児神話とは、子どもは3歳頃まで母親自身の手元で育てないと子どもに悪い影響があるという考えを指す。母親が就労などの理由で育児に専念しないと、将来子どもの発達に悪い影響を残す場合がある、というのだが、真偽のほどはどうなのであろうか？

　日本で出産して仕事を辞めてしまう母親の割合が7割にも達するのは、この神話が影響を及ぼしていると思われる。育児中の母親世代でこの神話を信じている人もいるであろうし、祖母世代でこの神話を信じていて子どもに子育てのために仕事をやめるよう圧力をかける人もいるであろう。また、「3歳児神話」など子育てについての過剰な期待や責任から、重圧や負い目を感じ、時に多くのストレスをためながら子育てしている母親も少なくない。

　この神話はJ.ボウルビィによる「母親剥奪理論」が元になっており、もともと「母」に対する強い信仰のある日本で多少の変化を加えられて広まったとされている。ボウルビィは第2次世界大戦後のイタリアで孤児院、乳児院などに収容された戦災孤児の発達、身長、体重の増加、伸びの遅れや罹病率、死亡率、適応不良などを調査して、1951年、母親による世話と幼児の心的な健康の関連性についての論文を発表した。その中で、ボウルビィは、新生児が自分の最も親しい人を奪われ、また新しい環境に移されて、その環境が不十分で不安定な場合に起きる、発達の遅れや病気に対する抵抗力、免疫の低下、メンタルなさまざまな支障を総称して、「母性的養育の剥奪」（deprivation of maternal care）と述べた。これは、WHOにより親を失った子どもたちの福祉のためのプログラムの根幹となった。ボウルビィは乳幼児の発達における情緒的なかかわりをする養育者の必要性は説いたが、母親に限定したわけではなかったのである[24]。

　この理論が日本に紹介されたのは1965年頃と言われている。当時は、第2次

世界大戦後の高度成長期半ばで、地域ネットワークが残存した中での拡大家族による子育てが終了する時期であった。拡大家族においては母親だけが子育てを担っているわけではなかった。同居する祖父母、おじ、おば、兄弟のだれかが子育てにかかわっていた。その後、職住分離・核家族化が進み性別役割分業による子育てがなされるようになった。母親が主に子育ての担い手になったのである。その時代背景と、それ以前から日本にあった「母性」に対する信仰とあいまって、「小さいころから保育所に預けるのはかわいそう」「子育てはやっぱりお母さんでないと」といった母性神話が定着することとなった。また、1968年には母子保健政策の一環として「母よ家庭に帰れ」というスローガンのもと、3歳未満児の保育所入所制限が行われるなど、国策としても「働く父親、育てる母親」を前面に押し出した。結果として1975年には既婚女性の労働力率が戦後最低の45％にまで落ち込むなど、1970年には「家庭育児＝専業母親」が基準となっていった[25]。

　さて、家庭内の育児を任された母親は幸福になったのであろうか？　ことはそれほど簡単ではなかった。子育て中の母親の蒸発が1967年ごろから急増し73年にピークを迎え、育児ノイローゼによる親子心中が多発するようになり、母親は悲鳴をあげていたのである。それゆえ、その反動で1980年代に女性の社会進出と少子化、晩婚化が進行したとみるべきであろう[26]。

　ここに興味深い調査がある。図表4-9は就業状況別母親の子育て意識の調査結果であるが、育児の不安は有職者より専業主婦の方が高いのである。専業主婦により高い不安傾向が見られるのは、家に閉じこもり終日子育てに専念する主婦は、子育てについて周囲の支援も受けられず、孤独感の中で、子ども中心の生活を強いられ、自分の時間が持てないなどストレスをためやすいためではないかと考えられる。加えて、今の母親世代は核家族で育った世代であるので、子育ての知識は乏しく、不安感をいつも抱えているのである。母子分離の意味を子育て中の母親に尋ねたところ、保育所に子どもを預けたことのある母親もない母親も、母子分離は「一時的に子どもから離れることで気持ちがリフレッシュできる」とポジティブにとらえている。しかし、専業主婦はポジティブな気持ちと同時に、「自分は任された仕事をしていない」と罪悪感も感じているというのだ。また、「よい母親」を演じようと懸命な母親ほどその重圧から、育児ノイローゼに陥り

第 4 章 子 ど も　113

図表 4-9　就業状況別母親の子育て意識

※「よくある＋ときどきある」の％。
※母親の回答のみ分析。
※10項目の中から、子育てへの不安感や否定的な感情を示す 5 項目を図示。
注：首都圏（東京都、神奈川県、千葉県、埼玉県）の 0 歳 6 カ月〜6 歳就学前の乳幼児をもつ保護者に郵送により配布・回収。2005 年度調査 2,980 名対象（配布数 7,200 通、回収率 41.4％）、2010 年度調査 3,522 名対象（配布数 7,801 通、回収率 45.1％）
出所：ベネッセ次世代育成研究所（2011）「第 4 回　幼児の生活アンケート」p.90.
http://berd.benesse.jp/jisedaiken/research/pdf/research13_9.pdf
（最終検索日：2016 年 2 月 29 日）

やすい、という指摘もある。

　また、有職主婦は親の役割、配偶者の役割、職業役割をもつのに対して、専業主婦は親の役割と配偶者の役割のみをもっている。人間は多くの役割をもっているほど、肉体的には疲れているが充実感は高いと言われている[27]。なぜなら、多種の役割をもっている方が、多様な評価を得ることができて、総合点で満足感を得ることができるからである。しかし、専業主婦にとっては子どもの出来で自分が評価されるように思い、子どもの受験に邁進したり子どもに過度に期待をかけてしまうことになる。

　一方、現在のように家庭と仕事の両立が望まれる時代になると、専業主婦はますます「取り残されている感じ」「将来やりたいことが見つからず焦る」といったネガティブな気持ちをもつようになる。その一方で、有職主婦も「3 歳にもなっていないのに預けられた子どもがかわいそう」と負い目に感じることが多い。この「3 歳児神話」は現代の母親を幸せにしてはいないのである。

1998年度の『厚生白書』には「3歳児神話」には少なくとも合理的な根拠は認められないという一文がある。母親の育児不安を解消するには、父親はもちろんのことできる限り多くの人が子育てにかかわる中で、母親自身も過度の子どもとの密着関係を見直すことが必要である。また、児童相談所を始めとする相談機関による積極的な子育て支援や親同士の子育て支援ネットワーク作りなども求められている。子育ては父親、保育士、祖父母、近所の人も参加して社会で育てるという意識こそ求められているのである。これからは、子育てについての過剰な期待や責任から、母親を解放していくことが望まれる。そうすることが、結果的には、母親が心にゆとりをもって豊かな愛情で子育てに接することにつながり、よりよい母子関係構築につながると考えられる。

（2） 子どもを愛せない母親
1） 児童虐待

2010年度に全国の児童相談所で対応した児童虐待相談対応数は5万5,152件で、統計をとり始めた1990年度を1とした場合の50倍、「児童虐待防止法」前の1999年度に比べ約4.7倍強と、年々増加している。最近では児童虐待のニュースを聞かない日はないと言っても過言ではないであろう。

現在、幼児虐待は以下の4種類に分類されている。

① 身体的虐待：首を絞める、殴る、蹴る、投げ落とす、タバコの火を押し付ける、冬に戸外に締め出すなどの外傷が残る暴行や生命に危険のある暴行。

② 心理的虐待：子どもの心を傷つけるようなことを繰り返し言う、無視する、兄弟の間で差別的な扱いをするなど心理的外傷を与える行為。子どもの目の前での配偶者に対する暴力も子どもに著しい心理的外傷を与える理由で含まれる。

③ ネグレクト（不適切な養育、保護の怠慢）：食事、衛生面について適切な世話をしない、病気になっても医師の診察をうけさせない、乳幼児を家に残したまま度々外出する、乳幼児を車に放置する、家に閉じ込めて学校に行かせなかったりする状態。保護者以外の同居人による身体的・性的・心理的虐待と同様の行為を保護者が放置することも含む。

④ 性的暴行：子どもに性交あるいは性的行為の強要・教唆、性器や性交を見

せる、ポルノグラフィーの被写体などに子どもを強要するなどの行為[28]。

図表4-10は児童虐待の4種類がどの程度の割合を占めるかを示している。日本においては身体的虐待、ネグレクト、心理的虐待が多いことが理解できる。

では主たる虐待者は誰なのか？ 実母が59.2%と最も多く、実父が27.2%とそれに次ぐ。実父以外の父6.0%、実母以外の母1.0%である[29]。実母の心理が児童虐待の鍵を握っているといえそうである。

虐待される子どもの年齢であるが、心中以外の虐待により死亡した被虐待者の43.1%は0歳児であった。その他は1歳児13.7%、2歳児5.9%、3歳児3.9%、4歳以上2.0%であった[30]。

図表4-10 児童虐待の種類と割合（2013年）

出所：内閣府（2013）「平成25年版子ども・若者白書（全体版）」から作成。
http://www8.cao.go.jp/youth/whitepaper/h25honpen/b1_05_02.html（最終検索日：2016年2月29日）

児童虐待がこれほど増加した理由は、まず児童虐待の理解が世間に広まり、以前なら家庭内のこととして見過ごされてきた虐待が、家族や周囲からの通報で顕在化したことがあげられる。次に親のストレスである。虐待はストレスが高じて行われることが多く、必ずしも特殊な問題ではなく、誰でも起こりうる問題である。以下のようなストレスが重なった時に虐待に発展しやすいと考えられる。

① 親の成育歴：親が虐待を受けて育つと、他者への不信、自分を愛することができず自己評価も低い場合が多い。つまり安定した人間関係を持ちにくい。さらに、虐待を受けた体験は、自分が子どもを育てるときに再現しやすく、子どもに暴力をふるいやすい。

② 家庭の状況：夫婦関係が不安定で一方がもう一方に服従している場合、虐待を黙認するというケースが多い。仕事にトラブルを抱えていて、経済的に困窮していることも多い。

③ 社会からの孤立：親族・近隣・友人との関係が良好ではなく孤立化すると、虐待の発見が遅れることが多い。

④ 親と子どもとの関係：兄弟姉妹がいて特定の子どもにだけ虐待が行われる

場合、母子分離の状態が長く愛情がもてないことが多い。
⑤ 子どもに問題がある:特別に手がかかる、よく泣く、あるいは慢性疾患や障がいがあって、その対応に追われストレスから虐待をしてしまう[31]。

2) 虐待を防ぐために

多くの児童虐待をする母親は罪悪感に苛まれる。かわいいはずのわが子を傷つけてしまったことを後悔する。しかし同時に母親のストレスを発散させるという事実もあり習慣化してしまうケースが多い。児童虐待を防ぐためには、親子を孤立化させないということが大切である。子どもは親の思いどおりになるものではない。昔であれば、それを教えてくれる親族や近所の人がいた。そして何より、自分が母親になる前に自分に近い女性が育児をしているのを見て学ぶ機会もあったのだ。

さらに虐待をする母親は、自分の親から虐待を受けていたことが多いため実の母親に子育てを助けてもらうことを希望しない場合が多い。育児が密室化し、子育ては思いどおりにいかず、誰にも相談できない、配偶者も助けてくれない、となれば母親はどんどん追いつめられてしまう。さらに、貧困が加わると、さらに状況は悪化する。真面目で「理想の子育て」を追求する人も、そのギャップにさらに苦しみ、自分を責める。

そこで求められるのは、児童相談所に相談したり、地域の子育てサークルに参加したりして孤立することを防ぐことである。ある女性が1人目は仕事をしながら保育園に預けて育て、2人目は仕事を辞めて専業主婦として育てた。彼女によると、1人目は身体は大変であったけれど、保育所の先生、保育所の保護者、職場の同僚、近所の人などが情報を提供して話し相手になってくれて悩みは深くならないうちに解消された。しかし、専業主婦になってしまうと自分が情報を求めないと入手できず、子育ては閉そく感を伴うものであったと述べている。子育てに閉そく感を感じたら、とにかく周りにSOSを発して孤立状態を脱することである。

今求められているのは、「子育ては母親の手で」という考えは捨て、「社会全体で子育てをする」という意識に変えることである。現時点では仕事をもつ母親しか保育所に子どもを入れることは難しい。しかし、最近地方自治体が「リフレッシュ保育」という、仕事をしていない母親が利用できる一時保育制度を開始

した。その目的は、育児に伴う母親の心理的、肉体的負担を解消する（育児リフレッシュ）ためである。やっと、地方自治体も母親のストレス解消に本腰を入れだしたのだ。また、実の両親が子どもの虐待をとめられない場合、乳児院や児童養護施設に一時期預けることも一案である。一時期、一緒に生活できない時期があっても将来親子関係は修復できるが、児童虐待で子どもが負った傷は癒えないのである。

［注］
1) 厚生労働省（2014）「平成26年　人口動態統計（確定数）の概況」
http://www.mhlw.go.jp/toukei/saikin/hw/jinkou/kakutei14/dl/00_all.pdf（最終検索日：2016年2月29日）
2) 国立社会保障・人口問題研究所（2010）「第14回　出生動向基本調査　結婚と出産に関する全国調査　夫婦調査の結果概要」
http://www.ipss.go.jp/ps-doukou/j/doukou14/chapter2.html（最終検索日：2016年2月29日）
3) 厚生労働省（1993）「厚生白書　平成5年版」第1編第1部未来をひらく子どもたちのために　第1章子どもの出生と成長をめぐる状況　第2節減少する子ども数　2出生数の減少をもたらす諸要因
http://www.mhlw.go.jp/toukei_hakusho/hakusho/kousei/1993/dl/02.pdf（最終検索日：2016年2月29日）
4) 同上
5) 厚生労働省（2010）「平成22年　人口動態統計月報年計（概数）の概況」結果の概要　表5
http://www.mhlw.go.jp/toukei/saikin/hw/jinkou/geppo/nengai10/kekka02.html（最終検索日：2016年2月29日）
6) 厚生労働省（2009）「平成20年　働く女性の実情」p.62.
http://www.mhlw.go.jp/houdou/2009/03/dl/h0326-1d.pdf（最終検索日：2016年2月29日）
7) 橘木俊詔（2008）『女女格差』東洋経済新報社　p.156.
8) 国税庁（2010）「平成22年分民間給与実態統計調査結果について」
https://www.nta.go.jp/kohyo/tokei/kokuzeicho/minkan2010/pdf/001.pdf（最終検索日：2016年2月29日）
9) 柏木恵子・伊藤美奈子（2001）『女性のライフデザインの心理②』大日本印刷　p.19.
10) 国立社会保障・人口問題研究所（2011）「第14回　出生動向基本調査」
http://www.ipss.go.jp/ps-doukou/j/doukou14_s/chapter3.html#34b（最終検索日：2016年2月29日）
11) 柏木恵子・伊藤美奈子、前掲書、p.27.

12) 内閣府（2011）「少子化社会に関する国際意識調査報告書」概要版　p.8.
http://www8.cao.go.jp/shoushi/shoushika/research/cyousa22/kokusai/pdf_gaiyo/s1.pdf
（最終検索日：2016年2月29日）
13) 同上、p.10.
http://www8.cao.go.jp/shoushi/shoushika/research/cyousa22/kokusai/pdf_gaiyo/s1.pdf
（最終検索日：2016年2月29日）
14) 文部科学省（2008）「平成20年度　子どもの学習費調査」
http://www.mext.go.jp/b_menu/toukei/chousa03/gakushuuhi/kekka/k_detail/__icsFiles/afieldfile/2010/03/19/1289326_2.pdf（最終検索日：2016年2月29日）
文部科学省（2010）「平成21年度　学生納付金調査」
http://www.mext.go.jp/a_menu/koutou/kouritsu/detail/1284745.htm（最終検索日：2016年2月29日）
文部科学省（2010）「平成21年度　私立大学入学者に係る初年度学生納付金平均額調査」
http://www.mext.go.jp/a_menu/koutou/shinkou/07021403/1314359.htm（最終検索日：2016年2月29日）
15) 『Frau 妊活スタートブック』講談社　p.22. から引用
同書は日本産科婦人科学会公表資料（2011）から引用
16) 同上、p.26.
同書はカーディフ大学・メルクセローノ製薬会社共同研究（2009　2010）「スターティングファミリー調査」から引用
17) 同上、p.26.
18) 国立社会保障・人口問題研究所（2011）「第14回　出生動向基本調査」結婚と出産に関する全国調査　夫婦調査の結果概要　表4-1
http://www.ipss.go.jp/ps-doukou/j/doukou14/doukou14.asp（最終検索日：2016年2月29日）
19) 不妊治療の基礎知識を学ぶ為のホームページ（2012）「不妊治療の様々な方法　代理出産」
http://omustardmoon.com/chiryou/05.php（最終検索日：2016年2月29日）
20) 厚生労働省（2011）「平成22年度　雇用均等基本調査」結果概要　p.5.
http://www.mhlw.go.jp/toukei/list/dl/71-22d2.pdf（最終検索日：2016年2月29日）
21) 第一生命経済研究所　ライフデザイン研究本部　研究開発室（2011）「上場企業109社の人事部長に聞いた『企業における子育て両立支援にかんするアンケート』」第一生命保険株式会社
http://www.dai-ichi-life.co.jp/company/news/pdf/2011_021.pdf（最終検索日：2016年2月29日）
22) 日本経済新聞夕刊2011年8月17日
23) 『日経WOMAN　2009年10月号』（2009）日経BP社
24) 神谷哲司（2011）「育児力は誰のものか？」学士会会報第899号
25) 宮坂靖子（2000）「親イメージの変遷と親子関係のゆくえ」藤崎宏子編　親と子『交錯する

ライフコース』ミネルヴァ書房　pp.19-41.
26)　神谷哲司（2011）「育児力は誰のものか？」学士会会報第 899 号
27)　柏木恵子・伊藤美奈子、前掲書、p.60.
28)　日本子ども家庭総合研究所（2001）『子ども虐待　対応の手引き』有斐閣
29)　内閣府（2013）「平成 25 年版　子ども・若者白書」（全体版）
　　　http://www8.cao.go.jp/youth/whitepaper/h25honpen/b1_05_02.html（最終検索日：2016 年 2 月 29 日）
30)　厚生労働省（2014）『子ども虐待による死亡事例等の検証結果等について』社会保障審議会児童部会児童虐待等要保護事例の検証に関する専門委員会第 10 次報告
　　　http://www.crc-japan.net/contents/verification/pdf/report10.pdf（最終検索日：2016 年 2 月 29 日）
31)　宮城県ホームページ（2009）「虐待対策」宮城県ホームページ北部児童相談所　2012 年 10 月 1 日更新
　　　http://www.pref.miyagi.jp/soshiki/nh-jisou/gyakutai-3.html（最終検索日：2016 年 2 月 29 日）

第5章 マネープランニング

1. マネープランニングの必要性

　終身雇用で給料は右肩上がり、老後は年金で悠々自適…そういう人生を夢見ていられたのも今は昔。日本経済はバブル経済が破綻して1990年以降縮小期に入っていたが、2008年のリーマンショックがさらに追い打ちをかけた。就職難、企業のリストラ、ボーナスカットは当たり前、大企業でも終身雇用は崩れた。年金も減額を余儀なくされている。皆さんの世代でも将来に対して明るい希望より不安を抱く人が多いかもしれない。しかし、だからといって、若いうちから安定を求めすぎて冒険をしないのも面白みに欠ける。まずは自分に投資をして自分の価値を高めることが先決である。なぜなら自分の付加価値を高めて入ってくる収入を多くしないと、その後に「貯蓄」「投資」「運用」が続かないからである。
　では、お金を貯める場合、どれくらい貯めたらいいのだろう？　老後が心配だからといって人生を楽しまないで貯金をして3億円を貯めたとして良い人生であったといえるであろうか？　まず自分がこれから遭遇するライフイベントや夢を実現するのにいくらお金が必要かを把握して貯める方法を検討し、その金額を貯めるのが良策である。ローンを組んだり、公的年金に入ったり、保険に入ったりする必要性もでてくるであろう。しかし知らないから不安になるのであって、金額と貯める方法が決まればむやみに心配することはないのである。まずはライフプランニングをして、次に実行を支えるマネープランニングをすることが大切である。

2. 人生の各ステージにかかる費用

（1） 婚約・結婚・新婚旅行

　結婚式から新生活は個人差があり、いくらかかるというよりかは、いくらかけるかが問題である。図表 5-1 は結納、挙式、披露パーティー、2 次会、新婚旅行の地域別平均費用を示している。結婚費用の全国平均は 460 万 7,000 円であり、そのうち挙式、披露宴、披露パーティーのみの費用の全国平均は 352 万 7,000 円であった。（招待客数平均 72.5 人）親から結婚費用の援助を受けた人は 75.4％、援助があった人の援助額の平均は 183 万 9,000 円であった。また、ご祝儀総額の平均は 227 万 1,000 円であった[1]。

　これらの平均金額を見てみると、2 人の実家から 80 万円ずつ援助してもらい、あとはご祝儀でほぼ賄える計算になる。しかし、結婚式前に支払わないといけないことも多く、新居準備の費用も別に必要である。少なくとも、ご祝儀に頼らないで貯金で結婚費用は賄い、ご祝儀は新居準備、出産準備金、予備費として使うことが望ましい。

図表 5-1　結納・婚約〜新婚旅行にかかった費用（地域別平均）

北海道	285.1 万円
首都圏	482.2 万円
東　海	466.8 万円
関　西	456.4 万円
四　国	493.6 万円
九　州	454.3 万円
全　国	460.7 万円

出所：リクルートブライダル総研（2015）「ゼクシィ結婚トレンド調査 2015 首都圏」p.30. http://bridal-souken.net/data/trend2015/XY_MT15_report_06shutoken.pdf（最終検索日：2016 年 2 月 29 日）

（2） 出　産

　現在、少子国・日本における出産はかなり優遇されている。健康保険の被保険者であれば全員に「出産育児一時金」42 万円（2015 年時点）が支給されるので、妊婦は分娩費用を手元に用意する必要はない。この 42 万円によって通常の分娩費用はまかなえるからである。

　勤め先の健康保険に加入している正社員の妻（産休中も継続していて、産後も仕事を続ける）が出産予定日以前 42 日間と出産後 56 日間のうち、休んでお給

料がでなかった期間を対象に「出産手当金」が支給される。おおまかには給料の3分の2が保障される。給料から算出するので、高額な人ほど「出産手当金」も多くなる（上限あり）。ただし、出産休暇が有給である場合、会社の報酬分は控除される。また正社員の妻（または夫）が育児休業をとると、雇用保険から月給の50％（休業開始後6ヶ月までは67％）の「育児休業基本給付金」が支払われる。

（3）子育て

図表5-2は公立・私学別学校教育費の一覧を表にしている。子どもを私立校に通わせるか公立校に通わせるかで教育費は大きく違ってくる。この教育費は学校教育を受けさせるため負担する金額であり、予備校、塾や家庭教師などの家庭

図表5-2　教育費一覧表

幼稚園	小学校	中学校	高校	大学	合計
公立	公立	公立	公立	公立	801万円
公立	公立	公立	公立	私立文系	936万円
公立	公立	公立	公立	私立理系	1,071万円
公立	公立	公立	私立	私立文系	1,014万円
公立	公立	公立	私立	私立理系	1,210万円
公立	公立	私立	私立	私立文系	1,303万円
公立	公立	私立	私立	私立理系	1,437万円
公立	私立	私立	私立	私立文系	1,954万円
公立	私立	私立	私立	私立理系	2,088万円
私立	私立	私立	私立	私立文系	2,047万円
私立	私立	私立	私立	私立理系	2,181万円
私立	私立	私立	私立	私立医歯系（6年）	4,147万円

出所：文部科学省（2008）「子どもの学習費調査」
　　　http://www.mext.go.jp/b_menu/toukei/chousa03/gakushuuhi/kekka/k_detail/1289326.htm
　　　文部科学省（2010）「平成21年度　学生納付金調査」
　　　http://www.mext.go.jp/a_menu/koutou/kouritsu/detail/1284745.htm
　　　文部科学省（2010）「平成21年度　私立大学入学者に係る初年度学生納付金平均額調査」
　　　http://www.mext.go.jp/a_menu/koutou/shinkou/07021403/1314359.htm
　　　（いずれも最終検索日：2016年2月29日）

教育費は含まれていない。大学まで公立コースでも、多くが大学受験のための予備校か塾に通うので、私立高校に入れるのと変わらなくなることもある。また、通学費、自宅から通えない大学に入学した場合の仕送りなど、さまざまな増加要因がある。私立大学では理系と文系で学費が違うので注意をする。

（4）家

図表 5-3 はマイホームの地域別平均値を表にしている。家賃を払って借りるかマイホームを購入するかは個々で考えが違う。購入する場合は「年収の4倍以内」の借入金に頭金を足した値段で買える物件を探すのが賢明である。ただ、マイホーム取得時期は20代では早すぎる。なぜなら第1に、貯金が少ないので、住宅ローンを組む時に頭金にするお金が少なく収入も少ない。第2に、家族構成と働き方が未定である。仮に結婚していても子どもの数は未定であろう。家族構成がわからないと必要な部屋数もわからない。ましてや、子どもが生まれる前に、教育環境を考えることができる人は少ない。もしも、子どもを保育園に預けて夫婦で働くなら、保育園、幼稚園、学校に近いところに転居しないといけないかもしれない。不動産は高価であり買い物に失敗はしたくない。景気に影響を受けやすい不動産を見極める目を養ってから買うことが大切である。

図表 5-3　マイホームの平均価格

（単位：万円）

	首都圏	近畿圏	東海圏	その他地域	全国
一戸建て（土地をもっている人の住宅建設費）	3328.1	3240.7	3224.2	2915.7	3109.4
一戸建て（土地付き）	4395.5	3863.5	3879.5	3334.1	3743.0
建売住宅	3544.9	3133.7	2857.3	2688.0	3280.0
新築マンション	4378.6	3573.1	3381.0	2915.5	3967.6
中古戸建て	2762.0	2000.9	2009.3	1746.3	2237.6
中古マンション	2889.0	2041.3	1705.3	1826.1	2580.1

出所：住宅金融支援機構（2014）「2014年度　フラット35利用者調査」から作成。
　　　http://www.jhf.go.jp/files/300243522.pdf（最終検索日：2016年2月29日）

（5）車

　車が必需品かどうかは個人によって認識は違うであろう。しかし車を維持するのは想像以上に大変である。仮に200万円の車を頭金40万円、5年ローンで買うとすると毎月の返済額は3万円になる。その上、ガソリン代約5万6,000円、高速道路代約5万5,000円、駐車場代月1万として約12万円、税金約4万円、任意保険料（年齢制限なし）約20万円、車検代金（1年分）4万6,000円、その他車のメンテナンス費約3万円と合計54万7,000円の年間維持費がかってくる。ローンの支払いと合わせると年間90万円以上の出費になる。レンタカーを借りたりタクシーを利用する方がお金の使い方は広がる。

（6）老　後

　図表5-4は夫婦2人の老後に必要な金額を最低の日常生活費と、ゆとりのある生活費をもとに試算した結果である。退職後、豊かな老後をおくるためには、生活費も現役時代の60％はかかるのである。ここで一つ注意しておかなければならないのは、今後老齢年金の開始年齢は高齢化し、額は減少していくことである。若い世代の年金は、それだけで老後の生活をするには足りないので貯蓄が必要となってくる。今回の試算のほかに、住宅費、医療費、交際費、80歳以降の生活費（80歳以降も生きた場合）がかかってくるのでより多くの老後資金が必要である。

　しかし、20代から老後のために蓄えすぎるのも問題である。20代、30代から保険会社の「個人年金」に加入する人がいる。確かに、準備期間が長いと月々の

図表5-4　老後の生活費

夫婦二人で65歳から80歳まで暮らす生活には
最低日常生活費
月22.0万円×12カ月×15年＝3,960万円
二人で旅行やレジャーを楽しみ、趣味も充実させたいなら
月22.3万円に月14.3万円プラス
月35.4万円×12カ月×15年＝6,372万円

出所：生命保険センター（2012）「老後の生活費はいくらくらい必要と考える？」http://www.jili.or.jp/lifeplan/lifesecurity/oldage/7.html
　（最終検索日：2016年2月29日）

積立額は低額ですみ複利で利息が増えるというメリットもある。しかし、使い道を老後に限定してしまうと、途中で予定変更をすると解約料がかかってくる。20代でしかできないお金の使い方もある。例えば収入を増加させるキャリアアップのための出資、子どもの教育費、住宅取得費、などに変化できるよう使い道を固定しない貯金をすることが大切である。老後の生活費にしか使えないお金を貯め出すのは40歳以降で充分である。

（7）介　護

結婚したら通常は4人の親をもつことになる。親の介護が必要でない人も自分が介護を必要とする可能性があり、介護に無縁でいられる人は皆無であろう。公的介護保険は、40歳以上の国民が自動的に加入して介護保険料を納め、介護が必要になった時に所定のサービスが受けられる保険である。図表5-5は介護保険料と1カ月の支給限度額を示した表である。介護に必要な費用は各状況によって違い、親と離れて住んでいる場合は通うのに交通費もかかる。介護保険のサービスを受けることができるのは65歳以上の者（第1号被保険者）で、加齢または特定疾病の場合40歳以上65歳未満の公的医療保険加入者（第2号被保険者）もサービスを受けられる。介護認定で介護の必要度が最も高い「要介護5」ならば、在宅サービスの支給限度額は月36万650円で、通常自己負担はその1割（一定以上の所得のある被保険者は2割）なので3万5,830円となる。各段階ごとに限度額を超えた分については全額自己負担となる。

3．お金を貯める

（1）金　利

金利とはお金を預けた時、一定期間（通常は1年）でどれくらいの割合で利息がつくかを表す言葉で、「利率○％」と表示される。この金利が高ければ高いほど生じる利息は多くなる。利息の計算をする場合、計算方法によって金額に差が生じる。

「単利」とは、最初に預けた元のお金に対してだけ、一定の割合（金利）でつ

図表 5-5　介護保険料と 1 ヶ月の支給限度額（2014 年 4 月以降）

介護認定	身体の状態	1ヶ月あたりの支給限度額	1ヶ月あたりの自己負担額（1割負担の場合*）
要支援 1	ほとんどの日常生活を自分でできるが、立ち上がりや片足での立体保持などの動作に何らかの支えを必要とすることがある。入浴や掃除など、日常生活の一部に見守りや手助けが必要な場合がある。	50,030 円	5,003 円
要支援 2	日常生活を行う力は基本的には備わっているが、両足・片足での立位保持に不安定さがみられる。清潔・整容、入浴、衣服着脱等の動作に関して、毎日ではないが週に数回程度の介護が必要とされる状態。	104,730 円	10,473 円
要介護度 1	入浴に関連する動作に若干の低下がみられる。立ち上がり、両足・片足での立位保持、歩行に不安定さがみられることがある。清潔・整容、衣類着脱、居室の掃除、薬の内服、金銭の管理等の行為のうち、最小限 1 つの分野で、少なくとも毎日 1 回は介護が必要な状態。	166,920 円	16,692 円
要介護度 2	身の回りの世話に介護が必要。物忘れも多い。清潔・整容、食事摂取、衣類着脱、排泄、入浴などの行為で、最小限 2 つの分野で、少なくとも毎日 1 回は介護が必要とされる状態。	196,160 円	19,616 円
要介護度 3	食事・排泄が一人でできず、清潔・整容、食事摂取、衣類着脱、排泄、入浴等の行為のうち、最小限 3 つの分野で、少なくとも毎日 2 回は介護が必要とされる状態。	269,310 円	26,931 円
要介護度 4	身の回りのことはほとんどできず、一人では立ち上がれない。清潔・整容、食事摂取、衣類着脱、排泄、入浴、寝返り、起き上がり等の行為のうち、複数の分野で少なくとも毎日 3〜4 回は、異なる時間に介護が必要とされる状態。	308,060 円	30,806 円
要介護度 5	日常生活を遂行する能力が著しく低下。清潔・整容、食事摂取、衣類着脱、排泄、入浴、寝返り、起き上がり、立ち上がり、立位保持、歩行等の行為のうち、複数の分野で少なくとも毎日 5 回以上は、異なる時間に介護が必要とされる状態。	360,650 円	36,065 円

*（2015 年 8 月以降、65 歳以上の高齢者（第 1 号被保険者）のうち一定以上の収入のある人は 2 割負担）
出所：厚生労働省（2014）『介護給付費分科会第 103 回資料 1 「区分支給限度基準額について」』
　　　http://www.mhlw.go.jp/file/05-Shingikai-12601000-Seisakutoukatsukan-Sanjikanshitsu_Shakaihoshoutantou/0000049257.pdf
　　　厚生労働省保険局（2014）『平成 27 年 11 月 20 日　第 91 回社会保障審議会医療保険部会「患者負担について」』
　　　http://www.mhlw.go.jp/file/05-Shingikai-12601000-Seisakutoukatsukan-Sanjikanshitsu_Shakaihoshoutantou/0000106245.pdf（いずれも最終検索日：2016 年 2 月 29 日）

く利息である。例えば、100万円を5％の金利で5年預けると、単利で計算すると毎年5万円ずつ利息がついて125万円になる。

一方「複利」とは、最初の元本に一定期間後の利息を加えたものを、次の元本として、その元本に対してつく利息のことである。例えば100万円を5％の金利で預けて複利で計算すると、1年目は100万円に5％の利息がついて105万円になり、2年目はこの105万円が元本になり110万2,500円になり、それが3年目の元本になる。この繰り返しで5年目後の元利合計は127万6,281円となる。単利に比べて5年で2万6,281円も多い利息を得ることができる。よって単利の貯金より複利の貯金の方が、お金を貯める場合有利であることがわかる。

（2） 2種類の貯金

貯金は「使うための貯金」と「殖やすための貯金」の2種類に分ける。「使うための貯金」とは、出費の時期や金額が決まっていて、支払う時に慌てないために取り分けておくための貯金である。引き落とされる買い物代金、保険料、車を買うための積立、車検の費用、行くことが決まっている旅行代金、等があてはまる。一方「殖やすための貯金」は将来のために貯めておく貯金である。結婚資金、住宅取得資金、夢をかなえるための資金、等があてはまる。できれば、手取り収入の10～20％を「殖やす貯金」に充てるのが望ましい。親元から通勤している場合は20％も可能であろう。例え10％しか貯金できなくても10年で年収分が貯められるのである。口座を分けて、「殖やす貯金」から買い物代金や保険料を引き出してしまうことのないようにする。

4. お金を増やす

（1） 金融商品の種類

お金を増やすためのさまざまな商品がある。いろいろな金融商品の中から商品を選ぶときには、次のような3つの特性がある。

・流動性　（すぐにお金に換えてもらえるか）
・安全性　（運用したお金が減らないか）

・収益性　（お金が増えるか）

　この３つを同時に持ち合わせる金融商品はなく、目的によってどの特性を重視するかが問題となる。例えば、毎日の生活に必要な生活費は、いつでも引き出せるようにしておく必要があるのでかないといけないので「流動性」を重視する必要性がある。大学の学費のように必要な時期が決まっていて絶対減っていてはいけないものは「安全性」が必要である。それ以外のお金は、増やしたいので「収益性」が重要となる。

　次に金融商品には、預貯金の他に株式、債権、投資信託などがある。これらの商品の特性をあげる。

１）株　式

　株式に投資するというのは、ある株式会社のサポーターになり、出資することである。会社はそのお金を元手（資金）として事業を展開する。事業が順調で利益が出たら、出資額に応じて利益の一部が「配当金」として株主に分配される。この株式は、専用の市場（株式市場）で自由に売買ができる。利益をだす人気のある会社の株価は高くなり、人気が落ちると安くなる。すなわち、株式市場では毎日会社の人気投票が行われているようなものである。株式は「収益性」はあるが「安全性」に乏しい。

　① 売買による利益（キャピタルゲイン）

　株式を安い価格で購入し、値上がりしたら売却すれば得られる利益。ただし、株式市場で売買する際にかかる手数料を考慮する必要がある。一般的には、株式を取得するとき、売却するときの両方に手数料がかかる。

　② 配当金による利益（インカムゲイン）

　企業成績や株式の種類によって、年に１回あるいは２回、配当金が得られる場合がある。また、株主優待のある企業の場合には、商品やサービスの提供を受けられることがある。

２）債　権

　「債権」とは会社や国（都道府県や一部の市も）が、多くの人からお金を借りる代わりに発行する「借用証書」のことである。国が発行するものを国債、企業が発行するものを社債という。債権も株式のように売買され価格が変動するが、利息や償還（満期）期限は発行時に確定され、発行元の国や企業が破たんしな

い限り、決められた日に利息（クーポン）が支払われ、償還時には元本（額面金額）が戻る仕組みとなっている。社債は発行元の企業が倒産すれば元本は戻ってこないので、その企業の信用度を調べて購入すべきである。その場合、債権の発行体の信用力を判断するために格付け機関の評価を参考にすることになる。評価符号は格付け会社によって異なるが、世界的大手のS&P（Standard & Poor's）の場合、「AAA」（債務を履行する能力が極めて高い）から「D」（債務不履行に陥っている）まで10段階に分かれている。「債権」は返済日まで所有していれば債権に記載の金額は得られるが、「収益性」には乏しい。

参考 スタンダード＆プアーズ（Srtandard & Poor's: S&P）

スタンダーズ＆プアーズはアメリカ合衆国に本社を置く投資会社。
　企業（株式と債券の発行体）の信用力を調査研究して信用格付けを行う格付け機関として知られる。

3）投資信託

「投資信託」は多くの人から集めたお金を1つにまとめ、運用の専門家（ファンドマネージャー）が日本や外国の株式や債券、不動産などで運用してくれる商品である。運用をプロに任せられるので、株式や債券を買ってみたいが知識のない人に向いている。投資信託は、銀行、郵便局、証券会社などで1万円から購入できる。また、個人で購入するのは難しい外国の株式や債券や不動産に投資できるメリットがある。投資信託は、いつでも自由に購入・換金できるものが多いが、一般的に株式より「収益性」は高くない。

（2）リスクを小さく抑える

お金を増やしたいと思って「収益性」の高い商品を選ぶ時に忘れてはいけないのが「リスク」（結果がわからない不確実性）である。お金を運用する上での「リスク」とは結果がわからない不確実な状態のことである。そしてその結果のことを「リターン」という。株式は仮に前年に20%株価が上昇したとしても、今年に30%下落したら元本は保証されない。株式のように収益性も高いが「リスク」も伴うものは「ハイリスクハイリターン」と呼ばれる。一方、現在は低金利時代

であり普通預金の利息は0.5％以下であるが、普通預金ならば確実に元本が保証され、わずかながら利息もつく。預金は「ローリスク・ローリターン」と呼ばれる。世の中には「ローリスク・ハイリターン」というおいしい話はないのである。

　それでは、リスクを少なくしてお金を増やすにはどうしたら良いか？　株式、債権、投資信託といったように、値動きの異なるものを組み合わせて投資することである。これを「分散投資」といい、リスクをトータルで軽減するため奨励されている。ここで覚えておかないといけないのは、お金を運用するためにはリスクが伴うということである。そのお金を失ったら生活に困窮するというお金で、リスクを伴う金融商品は買わないことが大切である。

5. お金を借りる―ローン―

　皆さんは何かほしいものがあってお金が必要な時、どうするであろうか？　お金が貯まるのを待っていたら時期を見逃すという場合、お金を借りる必要が出てくる。そういう場合、銀行などの金融機関が取り扱う「ローン」を利用する人が多い。ローンには「教育ローン」「進学ローン」「住宅ローン」、その他に車購入時、家電製品購入時、旅行費用調達、独立・開業資金調達、結婚資金調達、病気療養費用調達などにローンが組まれる。個人向け少額ローンはキャッシングと呼ばれる。

　一方、金融機関にとっての「ローン」は利益を得るための業務の一つであり、その利益は「金利」によってもたらされる。「貯蓄」のために利用する預金や貯金では金融機関から利息をもらえるが、「ローン」を利用するには逆に利息を払わなければならない。前者より後者の方が金利は高い。つまり、「ローン」を利用したら、借りた元の金額以上のお金を返す必要があるのである。

　「ローン」を利用するということは、お金を借りて後で返す契約をするということである。その場合、借りる人に「信用」があるかどうかが重要になってくる。銀行からお金を借りようと思っても、「信用」がないと借りることができない。

1）利　息

　利息の付き方に関する取り決めは、お金を借りる時の「契約」の中でも、最も重要な事柄である。一定の期間において支払う利息の割合のことを「金利」といい、借りた金額（元金）に対して利息の計算を行う場合に使う。

借りたお金（元金）×金利×借入期間＝利息

　また、利息は万人に同じよう設定されるのではない。利息決定の条件を次にあげる。

① お金を借りる人の信用

　借りる側の信用が高いと、返済がされない可能性は低いので金利は低く設定される。反対に信用が低いと、返済がされない場合を想定して金利は高く設定される。

② 担保の有無

　担保とは、借金の返済ができなかった時に備えて、借りた人の財産など保証することをいう。担保があれば金利が低く設定される。担保には物による担保（抵当権など）と人による担保（保証人など）がある。

③ お金を貸すためのコスト

　お金を貸す側には、お金を貸すためのコストがかかってくる。例えば、貸す側がそのお金を借りた場合はそのコストや貸すための事務経費などかかってくる。これらを負担した上で利益を出すには、それ以上の金利を設定する必要がある。

④ 重要と供給のバランス

　重要と供給の関係によっても金利は変わってくる。借りたい人が多くなり貸したい人が少なくなれば、金利は上がる。反対に、借りたい人が少なくて、貸したい人が多ければ金利は下がるのである。これを、経済状況の変化にあてはめてみる。景気が拡大すると企業の生産や販売活動が活発化し、事業拡大のために資金を借り入れする企業が増えるため金融機関は金利を高めに設定する。反対に景気が後退すると、企業の生産や販売活動は停滞し、在庫の増加、設備投資の減少によって資金を借りる企業が減るため金融機関は金利を低めに設定する。企業は資金を借りやすくなり景気は回復するのである。

　また、インフレーション（持続的に物価水準が上昇する状態）の時は、お金の価値が下がり物の価値が上がるため借金をしてでも物を買おうとする人が増え、

金融機関は金利を高めに設定する。反対に、デフレーション（持続的に物価水準が下落していく状態）の時は、お金の価値が上がり物の価値が下がるため貯蓄傾向が強まり、金融機関は金利を低めに設定する。

さらに、為替相場が円安になると、石油など原材料の値段が上昇し国内物価も上昇するため、金利は上昇する。反対に、円高になると、輸入物価・国内物価が値下がりするため、金利は低くなる。

以上のように「金利」はさまざまな要因と複雑に絡み合い決められるものである。お金を借りる時に契約する金利には「固定金利」と「変動金利」がある。決められた金利が事前に定められた期間あるいは返済終了まで変わらないものを「固定金利」といい、金利が低いときに利用することが望ましい。一方、世の中の金利水準に合わせて金利が一定期間ごとに見直されていくものを「変動金利」といい、金利が高いときに利用することが望ましい。お金を借りる時期によって選択の仕方が異なるので注意が必要である。

また、ローンは借りたお金の額や金利だけでなく、返済期間によっても毎月の返済額が変わってくる。返済期間が長いほど毎月の返済額は少額で楽に思えるが、期間が長い分支払う利息は多くなり、支払総額は高額になる。「借入金は少なく、返済期間は短く」がローン返済をする時の鉄則である。

2）利息の上限

金利は法律によって上限が決められており、20％を超える貸付金利は違法である。金銭の貸付けを行う者が業として金銭の貸付けを行う場合に金利が20％を超えていると「出資法」違反で刑事罰が課せられる。

3）返済方法

① 元利均等返済方式

図表5-6は元利返済方式のしくみを示している。この返済方式は毎月の返済額（元金＋利息）が一定である返済方法で、金利が同じ間は1カ月あたりの返済額は変わらない。この返済方式は、元金均返済と比較すると借入残高の減り方が遅く、利息の総支払い額は多くなるが、毎月の返済額が変わらないので、返済計画が立てやすいメリットがある。

② 元金均等返済方式

図表5-7は元金均等返済方式のしくみを示している。この返済方式は毎月返

図表 5-6　元利均等返済方式

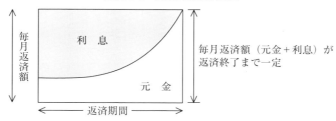

出所：TAC（2011）2 級 FP 技能士試験「ライフプランニングと資金計画」基本テキスト　p.40.

図表 5-7　元金均等返済方式

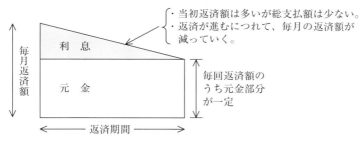

出所：TAC（2011）2 級 FP 技能士試験「ライフプランニングと資金計画」基本テキスト　p.40.

済する元金が一定で、残元金に対しての月毎の利息を上乗せして支払う返済方法。毎月の返済額（元金＋利息）は、当初は多くなるが、後になるほど少なくなっていく。元金均等返済方法は、元利均等返済と比較すると、融資残高はより早く減少するため将来の返済負担が軽減され、利息の総支払額も少なくてすむ。図表 5-8 は元利均等返済と元金均等返済の場合の返済明細書を示している。元利均等返済は毎月の返済額が一定で、元金均等返済は毎月の返済額が回を経るごとに減額していき総支払額が少なくて済むことに注意する。

③　リボルビング方式

　一定の利用限度額を設定し、その範囲内においてあらかじめ設定した金額を分割して支払う方法。返済方法には。利用残高に対して一定率で支払う方法と一定額ずつ支払う方法があり、返済回数が限定されず、残高がある限り返済し続ける。1 回払いに比べ、1 カ月あたりの返済金額は少額であるが、一定額を超えた

図表 5-8 元利均等返済方式と元金均等返済方式

前提：借入金額 3,000 万円 返済期間 30 年 金利 3%（全期間固定）

〈元利均等返済〉 (円)

年目	回数	元金	利息	合計	残高
1	1	51,481	75,000	126,481	29,948,519
	2	51,610	74,871	126,481	29,896,909
	3	51,739	74,742	126,481	29,845,170
	4	51,869	74,612	126,481	29,793,301
	5	51,998	74,483	126,481	29,741,303
	6	52,128	74,353	126,481	29,689,175
	7	52,259	74,222	126,481	29,636,916
	8	52,389	74,092	126,481	29,584,527
	9	52,520	73,961	126,481	29,532,007
	10	52,651	73,830	126,481	29,479,356
	11	52,783	73,698	126,481	29,426,573
	12	52,915	73,566	126,481	29,373,658
2	24	54,525	71,956	126,481	28,728,262
3	36	56,183	70,298	126,481	28,063,236
4	48	57,892	68,589	126,481	27,377,985
5	60	59,653	66,828	126,481	26,671,889
6	72	61,467	65,014	126,481	25,944,319
7	84	63,337	63,144	126,481	25,194,617
8	96	65,263	61,218	126,481	24,422,114
9	108	67,248	59,233	126,481	23,626,114
10	120	69,294	57,187	126,481	22,805,902
15	180	80,493	45,988	126,481	18,315,102
20	240	93,501	32,980	126,481	13,098,521
25	300	108,613	17,868	126,481	7,038,854
30	360	126,007	315	126,322	0
計		30,000,000	15,533,001	45,533,001	

〈元金均等返済〉 (円)

年目	回数	元金	利息	合計	残高
1	1	83,333	75,000	158,333	29,916,667
	2	83,333	74,791	158,124	29,833,334
	3	83,333	74,583	157,916	29,750,001
	4	83,333	74,375	157,708	29,666,668
	5	83,333	74,166	157,499	29,583,335
	6	83,333	73,958	157,291	29,500,002
	7	83,333	73,750	157,083	29,416,669
	8	83,333	73,541	156,874	29,333,336
	9	83,333	73,333	156,666	29,250,003
	10	83,333	73,125	156,458	29,166,670
	11	83,333	72,916	156,249	29,083,337
	12	83,333	72,708	156,041	29,000,004
2	24	83,333	70,208	153,541	28,000,008
3	36	83,333	67,708	151,041	27,000,012
4	48	83,333	65,208	148,541	26,000,016
5	60	83,333	62,708	146,041	25,000,020
6	72	83,333	60,208	143,541	24,000,024
7	84	83,333	57,708	141,041	23,000,028
8	96	83,333	55,208	138,541	22,000,032
9	108	83,333	52,708	136,041	21,000,036
10	120	83,333	50,208	133,541	20,000,040
15	180	83,333	37,708	121,041	15,000,060
20	240	83,333	25,208	108,541	10,000,080
25	300	83,333	12,708	96,041	5,000,100
30	360	83,453	208	83,661	0
計		30,000,000	13,537,380	43,537,380	

注：住宅金融支援機構「住宅ローン返済額比較シミュレーション」から作成。

出所：日本FP協会（2010）「10代から学ぶパーソナルファイナンス インストラクターズマニュアル」p.39.

未返済部分は借金と同じ扱いになり、年率10％余りの高い利息を支払うことになる。例えば、10万円の残高があるとしたら、年利率12％の場合、1カ月1,000円の利息を支払わなければならなくなる。手軽ではあるが利用は慎重にするよう勧めたい。

④　一括返済

返済の回数を当初から1回または2回に決めて返済を行う。ローン返済においては毎月分けて返済するするより利息分の支払いを避けることができ支払額は安価で済む。

6. お金のトラブル

（1）カード時代

カード社会といわれている現在、さまざまなカードがある。大きく分けると4つに分けることができる。

1）キャッシュカード

銀行や郵便局が発行するもので、ATM（自動預金預け払い機）を利用することにより、お金の預け入れや引き出し、振り込みなどができる。

2）電子マネー

ICカードに貨幣情報がインプットされており、その金額の範囲内で、一定の目的のサービスやショッピングなどに利用できるカード。プリペイド型（前払い）とポストペイ型（後払い）がある。また、お財布ケータイにも対応している電子マネーは携帯電話を使用して買い物が可能である。

3）デビットカード

現金の代わりにキャッシュカードで代金の支払いが可能になるサービスで、利用代金は即座にキャッシュカードの預金口座から引き落とされる（即時決済）。金融機関のATMの時間外使用や他金融機関のATM使用の手数料を支払わなくていいこと、現金の紛失・盗難の心配がないというメリットがある。

4）クレジットカード

クレジットカード会社が、利用者の信用を基にクレジットカード会社との間で

契約が結ばれ、カード会員は加盟店において後払いで商品の購入・サービスの利用をすることができる。キャッシュカードとクレジットカードの両方の機能を備えたカードも発行されている。

① メリット
- 現金を持ち歩く必要がない。
- 現金を預金口座から引き出す手間が省ける。
- 一回払いの場合、支払いが20日～70日猶予される。
- 利用額に応じて、ポイント（景品との交換や次回のショッピングに利用できる）が貯まる。
- 代金の割引や各種の優待。

② デメリット
- カード保持のための年会費や、分割払いやリボ払いの場合の手数料がかかる。
- ATMやCD（キャッシュディスペンサー）から現金を引き出す形で行われる小口の融資（キャッシング）が可能になり、使いすぎになりやすい。
- 盗難にあって他人に使われてしまう恐れがある。盗難保険が掛けられているので不正に利用された場合の被害は、紛失して一定期間に届けることによって補償される。しかし、本人に重大な過失がある場合は保険は適用されない。
- 支払期日に支払いが遅れた場合は、遅延損害金の支払いが必要になり、信用が損なわれ、利用停止になることもある。

（2） お金のトラブルを回避するために

1） 消費者金融

一般的にノンバンク（貸金業者）による消費者への小口の無担保融資のことをいう。銀行で借金をする場合、「信用度」を判断するための審査があり時間がかかる。しかも確実に貸してもらえるとは限らない。その点、消費者金融は審査も簡単で、よほど信用のない人でないかぎりは、その場でお金を貸してもらえる。一度利用できたら、上限金額が設定され、その上限までならカードで繰り返し借金ができるシステムになっている。消費者金融で借りたお金に使い道の制限はなく、担保の設定も必要ない。しかし、その分金利が高く、「多重債務」に陥りや

すい。
2）ヤミ金融
　法律の上限金利を超えた金利でお金を貸す金融業者をいう。「信用」がなく他の金融業者ではお金を貸してもらえない人、例えばいくつもの金融業者から借金をして返せなくなった人（多重債務者）、自己破産した人、銀行からお金を借りにくい主婦や学生がターゲットになる。法外な高率で貸しだし、返済が滞ると強引な取り立てが始まる。絶対に借りてはいけない。

3）多重債務
　複数の消費者金融から借金を重ねて、自分の収入や資産では返済が困難な状態をいう。消費者金融の利用者は2013年6月時点で1,279万人、うち5社以上の利用者は27万人（平均借入残高197万円）であった[2]。

4）多重債務の対処方法
①　自己破産
　債務者本人が裁判所に破産手続開始の申し立てを行い、破産手続開始の決定を受けることをいう。そのあと、免責申し立てをして免責決定を受けると借金が免除される。戸籍に載らず選挙権を失うことはないが、官報に住所や氏名が掲載され、信用情報機関のデータファイルに記録されるので、住宅ローンやクレジットカード作成に制約を受ける。

②　個人再生
　裁判所に再生手続きを申請し、原則3年間の再生計画を立て、裁判所がこの計画を認めた上で計画どおりに返済すれば、残りは免除される。

③　特定調停
　裁判所に調停（仲介）を申し立て、調停の場で業者と話し合い、返済額や返済方法を決める。

④　任意整理
　弁護士などを通じて業者と話し合い、利息制限法に基づいて返済額や返済方法を決める。

5）悪質商法
　「もうかる」「得をする」「資格がとれる」「異性にもてる」「格安で高額商品が手に入る」という人間の欲求を利用して悪質商法は言葉巧みに近付いてくる。若

者をターゲットにした悪質商法をいくつかあげる。各地方自治体の消費生活センターに相談するとよい。

① キャッチセールス

街頭で「アンケートです」と声をかけられ、お店に連れていかれて、高額な教材セットや化粧品セットなどの商品の購入を勧誘される。それを購入しないと不安になるようなことを言われたり、その場の雰囲気から断りにくくなり契約してしまうケースが多い。

② アポイントメントセールス

電話で「プレゼントを差し上げます」などと、販売目的を告げないで呼びだして高額商品購入を勧誘され、長時間で執拗な勧誘から逃れたい一心で契約してしまうケースや、異性への感情（恋人商法）から断り切れずに契約してしまうケースが多い。

③ マルチ商法

友人から「もうかる」と誘われ、自らもローンを組んで商品を購入し会員になり新たな友人を勧誘するが叶わず借金だけが残る、というのが典型的な例である。強引な勧誘がたたって友人関係も壊れてしまうケースが多発している。会員拡大が必須条件のマルチ商法は「みんなでもうける」というシステムというより、「自分のもうけのために相手に損失を転嫁する」システムであることを理解すべきである。そのままマルチ商法の取引システムに参加して知人を勧誘すると、自分が加害者になり刑罰や行政処分の対象になることがあることは自覚しておくべきである。

④ 架空請求

インターネットや携帯電話による有料サイトの利用に絡んで、架空請求や不当請求が多発している。その一例がワンクリック詐欺で、広告メールのアドレスをクリックしてアクセスしWebサイトを開くと有料サービスを利用したことになり、高額の料金を請求されるものもある。また、はがきや封書で、まったく利用していない情報料を請求されることもある。

⑤ 催眠商法

日用品や試供品の無料配布、健康器具の無料体験などをうたって消費者を会場に誘導し、販売員が巧みな話術で客に高額商品を売りつける。

⑥ 利殖商法

投資経験や金融知識のない人に、「高利回り」「必ず値上がりする」「損はさせない」といった言葉で、リスクの高い金融商品への投資や出資話をもちかける。

⑦ ネットオークション詐欺

お金を振り込んだのに商品が届かず、相手と連絡がとれなくなったり、送られてきたものが偽物である場合もある。ネットを通じて個人情報が狙われることもある。

⑧ 資格取得商法

「就職に有利」「資格を必要とする仕事を紹介する」とうたい、資格取得のための通信教育費や授業料を支払わせる商法。不景気時に横行し、雇用難の不安を煽ったり、故意に錯誤を狙ったり誇大な宣伝文句を用いること、仕事斡旋のための高額製造機材購入勧誘や内職詐欺が問題になりうる。

⑨ デート商法

出会い系サイト、お見合いパーティー、電話、街角のアンケート、電子メールなどの出会いをきっかけとして、異性の販売員が身分を秘匿して接近してくる。販売員は、相手と何回か会って話やデートをして相手に恋愛感情を持たせた後で、商品をねだったり甘えたりして商品を購入させる。中には店内の販売員数人で取り囲んだり脅した末に強引に購入させる手口もある[3]。

6）消費者の保護

通常、一度契約をしたら、その契約内容を履行する義務が生じ、一方的に契約を取りやめることはできない。しかし、強引に勧誘された、判断する時間が与えられなかったようなある種の取引については、消費者保護を目的として、契約を結んだ後一定期間（8〜20日間）であれば、違約金などの請求を受けることなく申し込みの撤回や契約の解除ができる無条件解約制度（クーリング・オフ制度）が設けられている。契約締結後、不信に思うことがあれば、契約書を確認して、クーリング・オフを書面で申し出ることが必要である。

未成年者の契約については、親などの親権者の同意が必要で、同意のない契約は原則として取り消すことができる。ただし、契約時に19歳でも、20歳になって支払いをすれば追認したとみなされ契約取り消しができないこともある。

クーリング・オフ制度以外でも、「消費者契約法」によって、悪質な勧誘行為

による契約は取り消すことが認められている。この場合の悪質というのは、「誤認」あるいは「困惑」させる勧誘行為のことであって、取り消しできる期間は「誤認」に気付いたとき、「困惑」から脱したときから6カ月以内（契約時から6カ月を経過したら取り消し不可能）である。とにかく、悪質商法の相談は消費生活センター、消費生活支援センター、消費生活総合センター、消費者センターにするとよい。詳細は次の国民生活センターのホームページで確認する。http://www.kokusen.go.jp/category/consult.html

7. 税金と社会保険

（1） 給与明細を見てみよう

　私たちが社会で出て働き始めると、給与をもらう。通常月に一度給料日があり、明細書とともに給料が支払われる。図表5-9は給与明細の一例を示している。

　この場合、会社から支払われているのは「総支出額」の20万2,900円であるが、手取り収入は「差引支給額」の16万6,080円である。社会保険料として「健康保険料」「介護保険料」「厚生年金保険料」「雇用保険料」が、税金として「所

図表5-9　給与明細（見本）

支給		控除	
項目	金額	項目	金額
基本給	180.000	①健康保険料	7.800
時間外手当	13.500	②介護保険料	0
通勤手当	9.400	③厚生年金保険料	13.900
		④雇用保険料	1.500
		⑤所得税	3.620
		⑥住民税	10.000
総支給額 (A)	202.900	控除額総計 (B)	36.820
		差引支給額 (A-B)	166.080

社会保険料＝①②③④　（②は40歳から差し引かれる）
税金＝⑤⑥　（⑥は前年の収入金額をもとに計算される）

得税」「住民税」が差し引かれている。社会保険料と税金の合計が「控除額総計」の3万6,820円になる。

　収入(総支給額) − 社会保険料・所得税・住民税(控除額総計) = 可処分所得(差引支給額)

　給与明細は手取り額の変化を見ることも大切であるが、支給額と控除額が前月からどう変化しているかを見ることが大切である。以前問題になった年金の記録漏れ改ざん問題では、社会保険料を納めていた証拠として給与明細が活用された経緯があるので、保存しておくこと。

（2）税　金

　国や都道府県、市区町村では、私たちが健康で文化的な生活を送るために、個人でできないさまざまな仕事（公共サービス等）をしている。このような「公共サービス」や「公共施設」を提供するためには、多くの費用が必要になる。その費用をみんなで出し合って負担しているのが「税金」である。また、私たちの教育費用も税金でまかなわれている部分がある。しかし、現状はこれらの費用のすべてが税金で足りているわけではなく、税金でまかなっているのは5割強だけで、足りない部分を国債（国の借金）を発行してまかなっている。

（3）社会保険

　社会保険は憲法25条に定められた「すべて国民は、健康で文化的な最低限度の生活を営む権利を有する」という内容を保障するための制度で、すべての国民の加入が義務付けされている。国民が生活する上での疾病、負傷、障がい、出産、失業、業務災害、通勤災害、要介護・要支援状態、老齢や死亡の事故などの事故（リスク）に備えて、事前に強制加入の保険に入ることによって、事故（リスク）が起こった時に現金または現物支給により生活を保障する相互扶助の仕組みである。医療保険、年金保険、介護保険、雇用保険が含まれる。

1）公的医療保険制度

　公的医療保険制度とは、健康保険に加入する被保険者が医療の必要な状態になったときに医療費を保険者が一部負担する制度をいう。民間会社に勤める人が、病気やけがに備えるために加入するのが「健康保険」である。同様の制度と

して、公務員の人や私立学校の教職員の人は「共済組合」に加入する。農業、自営業の人、無職者あるいは健康保険の適用されない零細企業の勤め人は「国民健康保険」に加入している。さらに75歳以上の人が適用を受ける「後期高齢者医療制度」がある。これらを総称して「医療保険」という。

2) 公的年金制度

　公的年金制度の大きな役目は、65歳から受け取れる「老齢年金」により退職後の生活を支えることである。20歳以上60歳未満の国民は全員「国民年金」に加入する義務がある。公的年金は60歳までに、原則として合計25年以上の加入期間がないと受給資格がない。大学生でも20歳になれば加入義務が生じる。ただし、在学中は保険料の支払いを延期してくれる「学生納付特例制度」がある。この制度を利用するには、市区町村役場へ申請し承認を受けなければいけない。ただし、本人の前年収入が118万円以下である学生が対象で、毎年の申請が必要である。もしも申請しないで保険料を払わない状態でいると、「障害年金」が支給されないので注意が必要である。

　図表5-10は年金制度を示した図である。自営業、自由業、フリーター、大学生、無職の人、農業で働いている人、厚生年金加入者の配偶者に扶養されている専業主婦は「国民年金」のみの加入となる。民間企業に勤める人は「厚生年金」に加入し、基礎年金の上乗せ年金（老齢基礎年金）が支給される。公務員や私立学校の職員が加入するのは「共済組合」で、ここから基礎年金の上乗せ年金（退職共済年金）が支給される。公務員の場合、さらに退職年金部分が加算される。「厚生年金」や「共済年金」は「国民年金」の上にのる「2階建て部分」と言われ、「国民年金」のみの場合と比べて手厚い。

　公的年金制度は老後だけでなく、若い時に事故に遭い重い障がいが残った場合に受けとる「障害年金」も支給する。もう1つ、父親が家族を残して他界した場合、「国民年金」制度により、子どもの高校卒業時まで「遺族基礎年金」が支給される。亡くなった父親が会社員であった場合「遺族厚生年金」が上乗せされて支給される。

3) 労働保険制度

　労働保険は労災保険と雇用保険の2つで成り立っている。両方とも労働者を雇っている人（事業主）は必ず加入することになっている。労災保険は、労働者

図表 5-10　年金制度

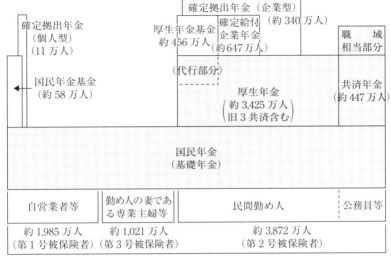

出所：椋野美智子・田中耕太郎（2011）『はじめての社会保障』有斐閣　p.150 から抜粋

が業務上または通勤途上で負傷したり、病気になったり、死亡したとき等に、その労働者や遺族をすみやかに保護するため、労働者や遺族に生じた損失を回復したり補償するための給付金が支給される。雇用保険は、労働者が失業した場合などに必要な給付を行うことにより、労働者の生活および雇用の安定を図ったり、求職活動を容易にするなど就職を促進することを目的としている。また、労働者の職業安定のために、失業の予防、雇用状態の是正および雇用機会の増大、労働者の能力の開発・向上その他の福祉の増進を図る。

4）介護保険制度

介護保険制度は日本の超高齢化社会に対応するため、平成 12 年 4 月に創設された。介護を必要とする高齢者は、市区町村で要介護の認定を受けることで、介護サービス費用が一割負担で済むという制度である。介護保険のサービスを受けることができるのは 65 歳以上の者（第 1 号被保険者）で、加齢または特定疾病の場合 40 歳以上 65 歳未満の公的医療保険加入者（第 2 号被保険者）もサービ

スを受けられる。

8. 民間保険

(1) 民間保険の誕生
　民間保険は自分の意思で加入するため「任意保険」ともいわれている。公的な社会保険は憲法 25 条の「最低限の生活を営む権利」を保障するための制度である。しかし、人によって家族構成、環境、生き方は違うから平等に生活を保障することは不可能である。そこで社会保険を補うことを目的として民間保険が誕生した。貯金は徐々にお金が貯まっていくのに対して、保険は加入した時から高額の保障を受ける権利があることが両者の違いである。

(2) 民間保険の種類
1) 生命保険
　人の生死に関してあらかじめ約定された額を保険金として支払う定額給付の保険のことで、「ヒト」保険とも呼ばれる。逆に、何十年という保険期間を無事に過ごしたことにより、保険金をもらえる保険もある。生命保険会社が扱っている。終身保険、定期保険、養老保険、終身年金保険などがある。

2) 損害保険
　偶然の事故によって生じた実際の損害額に応じて保険金を支払う実損補てん（実損払い）の保険のことをいい、「モノ」保険とも呼ばれる。損害保険会社が扱っている。火災保険、自動車保険、賠償責任保険などがある。

3) 第三の保険
　人のケガや病気に備える保険は、生命保険にも損害保険にも属さないが第三の保険として、生命保険会社、損害保険会社のいずれでも取り扱うことができる。障害保険、医療保険・医療費用保険、がん保険、介護保険・介護費用保険、所得補償保険などがある。

9. ライフプランニングとお金

（1） 将来どんな自分になりたいか？

　自分の夢を実現させようと思ったら、いきあたりばったりで過ごすのではなく、明確な目標を決めて計画的に準備をすすめることで、より早く効率的に夢や目標を実現できる。その時、必ず必要になるのがお金である。いくら叶えたい夢があってもお金がないと叶えられないこともある。ライフプランニングをするということはマネープランニングをすることでもあるのだ。

（2） ライフイベント・キャッシュフロー表
１） ライフイベントを考える

　進学、留学、就職、結婚、出産、車購入、家購入など、人生の節目となる出来事を「ライフイベント」という。みなさんは学生なので、まだまだ遠い将来のことであることが多いが、漠然と何歳ころで実現したいか考えてみる。家族がいればそれぞれのライフイベントを書きくわえる。どうだろう、頭の中が整理されて、いつから準備したらいいか、何をすべきかがはっきりしてきたのではないだろうか？

　次に、各ライフイベントにはお金がかかるので、前述の「人生の各ステージにかかる費用」を参考にして必要なお金を見積もってみる。その金額をキャッシュフロー表に書きこんでいこう。

２） ライフイベント・キャッシュフロー表

　ライフイベント・キャッシュフロー表とは、ライフイベントと収支状況や貯蓄額の推移を加えたものである。現在の収支状況や今後のライフプランをもとに、将来の収支や資金残高を予想するためのものである。図表5-11はライフイベント・キャッシュフロー表の一例である。この表からいろいろなことがわかる。たとえば、年ごとに入ってくるお金（収入）と出ていくお金（支出）がわかり、赤字なのか黒字なのかの予想ができる。また、貯金の残高がどんな風に増えたり減ったりするかが一目瞭然である。

　次に、予定しているイベントの時期や種類を変えると起こる結果がわかって

図表5-11　ライフイベント・キャッシュフロー表（見本）

西暦		年現在	年1年後	年2年後	年3年後	年4年後	年5年後	年6年後	年7年後	年8年後	年9年後	年後10年後
家族・年齢	本人	18	19	20	21	22	23	24	25	26	27	28
	父	49	50	51	52	53	54	55	56	57	58	59
	母	47	48	49	50	51	52	53	54	55	56	57
	妹	15	16	17	18	19	20	21	22	23	24	25
ライフイベント	本人 今後の大きな目標			旅行会社に就職する　毎年家族と家族旅行をする								
	働く				就職						退職	留学
	学ぶ		短大						語学学校に通う			
	遊ぶ				国内旅行	国内旅行	国内旅行	国内旅行	横内旅行	国内旅行	国内旅行	
	イベント				成人式							
	家族等 父											
	母							銀婚式				
	妹			高校入学			短大進学					
	その他											
収入	私の収入			220	220	222	222	224	224	227	227	
	配偶者の収入											
	親の援助										100	
	収入計			220	220	222	222	224	224	227	327	
支出	生活費			80	80	80	80	80	80	80	80	
	住居費	親の同居										
	イベント費用				10	10	10	10	10	10		
	その他				15	15	15	40	40	40	40	250
							10	10				
	支出計			90	105	115	115	130	130	130	120	250
	年間収支			130	115	107	107	94	94	97	207	▲250
	貯蓄残高	20	30	160	275	390	497	591	655	752	959	709

くる。例えば、「結婚する時期を2年遅らせたら結婚資金をいくら貯められるか」「新車購入をやめて中古車にすると」「子どもを産む時期を昇給してからにすると」など、さまざまな可能性を試してみることができるのだ。いろいろなパターンを試してみるうちに、自分自身の本当の望みに気付いたり、現実的な選択肢が絞りこまれていく。

　将来のことを予測するのは不可能である。しかし、ライフイベント・キャッシュフロー表を作ることで、思い描いた夢や目標が実現できるかどうかの見通しをもつことができるのである。

（3）まずはキャリアアップ、そしてお金を貯めよう

　どんな人生をおくるにしても、お金とは無縁ではいられない。就職したらまず自分名義の口座をつくり、ライフプラン実現に自由に使えるようにお金を貯めたい。貯金は将来の自分へのプレゼントでもあるし、人生のリスクへの備えでもある。人生には退職を余儀なくされ無収入で次の仕事を考えなくてはならない状況もあるだろう。雇用保険もあるが、雇用保険の被保険者の資格に該当しない場合もあるし、自己都合退職の場合には給付金支給までに1～3カ月かかる場合がある。あるいは、スキルアップのために専門学校に通ったり留学するかもしれない。貯金は、経済的な心配なしにライフプランを考えられる期間を作るためにも必要なのである。

　お金は余った時に貯めればいいというのは大間違いである。まず、就職したら手取り収入の1割は貯金することを目安にしてみてはどうであろう。正社員だったら、「社内預金制度」や「財形貯蓄制度」等の会社の福利厚生制度を利用することを薦める。給料が銀行に振り込まれる前に、毎月の積立金額が差し引かれる制度である。図表5-12に主な給料天引き自動積立制度を示した。会社に天引き貯金がないなら、銀行の「自動積立定期」を使う。給料の振込口座から、決まった日に決まった額を、定期預金に振り替えて積み立ててくれる。まずは、3年から5年で年収分を貯めたら、人生の余裕ができてくる。若いときは収入も少ないから積立額も少ないが、徐々に積立額を増やしていくことも可能である。

　ただ、若い時はキャリアアップのお金は惜しまないこと。お金に困らない生活をおくるには、収入を確保し続けることが良策である。今の時代は仕事力を保

図表 5-12　主な給料天引き自動積立制度

制　度	内　容
社内預金制度	給料から天引きの積立預金で、銀行預金より金利が高いことが多い。
自社株積立制度	自社の株を給料天引きで毎月一定額（1万円など）買う仕組み。会社から補助金がつくことが多い。
財形貯蓄制度	給料やボーナスから天引きで提携金融機関に積み立てる。一般財形貯蓄、財形年金貯蓄、財形住宅貯蓄の3種類がある。
職域保険制度	給料天引きの社員向けの生命保険・損害保険で、一般の保険より保険料が安い。

持、あるいは向上を心がけないとリストラにあう可能性も高い。そうならないためにも、また今の職場を離れても生き残るため仕事力アップが必要である。貯蓄や年金よりずっとあてになるキャリアアップで収入アップすることをまずは最優先するべきである。

[注]

1)　リクルートブライダル総研（2015）「ゼクシイ結婚トレンド調査 2015　報告書（首都圏）」
http://bridal-souken.net/data/trend2015/XY_MT15_report_06shutoken.pdf（最終検索日：2016年2月29日）

2)　金融広報中央委員会（2013）「知るぽると」
https://www.shiruporuto.jp/finance/trouble/saimu/saimu001.html（最終検索日：2016年2月29日）

3)　東京くらしねっと（2015）あなたの街の消費生活トラブル
https://www.shouhiseikatu.metro.tokyo.jp/kurashi/0703/wadai.html（最終検索日：2016年2月29日）

参考文献

椋野美智子・田中耕太郎（2011）『はじめての社会保障　第8版』有斐閣
中村芳子（2009）『20代のいま、やっておくべきお金のこと』ダイヤモンド社
日本FP協会（2010）『10代から学ぶパーソナルファイナンス』
日本FP協会（2010）『10代から学ぶパーソナルファイナンス　インストラクターズマニュアル』

# 第6章

まとめ

　これまで、これからみなさんが遭遇するライフイベントをとりまく状況を考察してきた。「仕事を続けやすい会社とそうでない会社がある」「非正規雇用は厳しくて、正規雇用は優遇されている」「結婚するのも大変だ」「夫の収入だけに頼って生活するのは難しそう」「妻に働き続けてほしい男性の数は増えている」「35歳を過ぎての就職で正社員になるのは難しそう」「子どもが欲しいなら出産年齢を考えた方がよさそう」「子どもの教育費は想像以上にお金がかかる」「専業主婦は思っているほど楽ではなさそう」など、思っていたより大変だと思ったのではないだろうか。さて、それではどうやってライフプランニングをしていけばいいのであろう？
　みなさんがやるべきことは、どんな働きかたをしたいか？　いつ結婚をしたいか？　いつ出産したいか？　何人子どもをもちたいか？　どこに住みたいか？　どんな老後をすごしたいか？　を考え始めることである。漠然でいいからゴールを決めることである。女性の人生は男性に比べて結婚や出産などの不確定要素が多いので、予定通りには進まずライフプランニングは難しいと思われているが、長期のライフプランニングならできるはずである。長期のライフプランをたてておけば、結婚や出産で予定がくるっても、その後の5年、10年で修正することが可能である。ライフイベントに振り回されるのではなく、自らをコントロールして軌道修正をする余裕が生まれるのだ。
　日本には「専念」することを美徳とする文化がある。仕事に専念する。育児に専念する。家事に専念するなど。1つのことに専念しないと成果は上げられないというように言われることが多い。しかし果たしてそうであろうか？　現在、仕事のみに専念することへの反省が語られ、育児家事に専念する専業主婦に育児不安が高

まっている。人間は1つのことに専念すると他の能力が封印されてしまう。

　これから求められる力は両立する力であり、ワークライフバランスをつかさどる力である。マルチという言葉があるが、それはすべての分野で100点を目指す意味があり、ハードルが高すぎて息切れしてしまう。そもそも家庭と仕事のどちらも100点満点、合計200点を目指すのは凡人には無理である。それより、もっと気楽に各分野50点で合計100点を目指してみよう。女性として生まれたからには、欲張りに仕事と家庭の総取りを目指して頑張ってみよう。もちろん、専業主婦でもいいけれど、これからは「働くことが当たり前」の世の中になっていくことは予測できる。それを証明する事例を多く述べてきたがここで整理しておこう。

（1）企業は終身雇用・年功序列から実力主義へ

　1990年代前半まで、会社は（特に大企業であればあるほど）一度就職したら、真面目に役割を果たしていれば、昇進・昇給して一生自分を守ってくれる存在であった。だからこそ、社員は愛社精神を持ち、連日残業し家族を犠牲にしてまで会社に尽くしてきた。現在60代以上の世代の多くは、夫だけが働く「片働き」でも、充分に家が買え、2～3人の子どもを大学まで進学させて、退職金ももらえて、贅沢しなければ年金で暮らすことができた。しかし、今は、大企業といえども倒産のリスクを背負い、リストラが行われ、決して社員を守ってくれない。終身雇用・年功序列という制度は崩れ、成果主義・実力主義の導入で実力がないと正社員でも生き残れないのである。コスト削減のため非正社員も増加傾向にある。

　みなさんの世代は、平均的なサラリーマンでは住宅ローンの負担が重くのしかかり、子どもの教育費にも四苦八苦し、退職金も心もとなく、公的年金も減らされるので自分で老後の資金をためないといけない、というのが現状である。とても夫だけの収入でこのリスクの多い社会を生きていくのは困難である。妻も収入を得て、夫婦でリスク回避をする生き方が合理的である。

（2）女性労働力に対する期待

　日本において労働力人口は減少しており、注目されているのは女性の活用である。企業の多くがグローバル市場で生き残るためダイバーシティー推進を経営戦略としている。そのダイバーシティー推進の第一歩に女性活用を位置づける企業

が多い。一方、国も働く女性を支援する法律制定、目標設定を行っている。まだまだ日本は女性活用において他の先進国より遅れているが、着実に女性活用という方向に動いているのである。これは、仕事で自分を輝かせたいと思っている女性にはまたとないチャンスなのだ。女性は一生働き続ける覚悟を決めて準備をしておくべきである。

(3) 少子高齢化・母親役割の縮小
　女性1人が一生に産む子どもの数が減った一方で長寿化がすすみ、女性が母親でいる期間は短くなり、母親役終了後の人生が長期化している。詳しく述べると、第2次世界大戦前は学校を卒業すると結婚して5～6人の子どもを産み末子が成人するころに寿命が尽きるという時代であったが、今は1人か2人の子どもを産んで末子が成人してから平均寿命を全うするまで30年以上の期間が残っている。今や、母親役終了後個人としてどう生きるかが問われる時代になったのである。自分個人としての行き方を抑えて母親役に徹するより、子育て後の人生のために子育て中も個人の生き方を持ち続ける方が合理的である。

(4) 未婚率・離婚率の上昇
　結婚に対する考え方が変化し、結婚しない女性が増えた。しかも、未婚女性が望む年収を稼げて一生安泰な生活を保障してくれるほんの一握りの男性と結婚できる確率は低い。一方、離婚率も上昇する一方である。つまり結婚が女性のセーフティーネットではなくなったのである。このような時代には、経済的も含めて自立する生き方が求められている。
　では、女性が一生働く覚悟をした場合、家庭、仕事、育児のすべてをバランスよく人生を送るにはどうしたらいいのか？　働くことを前提にしたライフコースで考えられるのは次の3種類である。
　① 早めに出産退職して、子育て中は無職か短時間労働につき、その後正社員になる（世間一般に35歳までに社会復帰しないと正社員にはなるのが難しいことから35歳までに再就職することを仮定）。
　② 正社員で出産休業・育児休業を取得してキャリア保持。
　③ 出産退職して子育て後仕事復帰はするが正社員は目指さない。

みなさんはどれを選ぶであろう？　どのコースにも長所と短所がある。
　①は子育てが一段落して35歳までに職場復帰をすることを想定している。このコースの長所は、子育て中は、子どもと過ごす時間がたくさんとれることである。短所は、出産退職した時期が早いのでキャリア形成が充分でなく、正社員復職への道は険しいこと。その場合、ブランクが長ければより困難である。よって、最就職に向けて自分の市場価値を高めるための綿密な計画と強い意思が必要である。例えば、子どもが小さい時に週2〜3日でも派遣でも働いていた人とずっと家庭に居た人とでは再就職のしやすさは違う。あるいは、再就職に有利な資格を取得するのも良策である。ただ、30代前半は幼稚園などの教育費がかさみ出す時期でもあるので自己投資に回すお金がないということにならないように、マネープランも必要になってくる。いずれにせよ、最終的には正社員になるという目的をいつも忘れずにいることが大切である。
　②は仕事でキャリアを積んで、周りに頼られる存在になってから出産・育児をするパターンである。子育て中は、時短勤務、残業のない部署勤務、転勤なし勤務など、優遇対策をとった場合ペースダウンはするが、正社員の立場は失うことはない。長所は安定した雇用状況と、再就職の苦労がないこと。しかも「社会とつながっている」という満足感はずっと持ち続けられ、視野を大きく持つことができる。キャリアを積んだ後であるからこそ、職場復帰あるいは転職がスムーズにいくというメリットもある。
　短所は、35歳未満の出産であれば託児所の確保の難しさと子どもと過ごす時間の減少ですむが、35歳を過ぎると出産そのものの不確実性が増すことである。人口動態統計によると、2010年に40代の女性が出産した子どもは3万5,383人と前年より4,000人増えた[1]。しかし、高年齢での出産は困難を伴うということは覚悟しておかなければならない。まず自然妊娠しにくく、不妊治療の成功率も落ちる。さらに、職場では既に一定のポジションにあり責任のある立場にあることも多く、出産や子育てに伴う自己都合を言い出しにくく、親に子育てを頼みたくても、高齢で頼ることが困難であることが多い。キャリアと子育ての両立に、若い世代以上の困難が待ち構える。
　③は、子どもをもつ女性に一番よくあるコースである。非正社員、お料理やお稽古事などの趣味を仕事にする人、起業する人、社会貢献・ボランティア活動

をする人も含まれる。長所は非正社員の場合、時間的に余裕があり仕事に責任が伴わないことが多いことである。短所はよほど頑張らないと自立できる収入を得るのは難しいことである。また、責任感を伴わない仕事である場合、達成感を得るのも難しいかもしれない。しかも、復職するまで「社会から取り残された感」「何かを始めないといけないという焦燥感」を感じる人も多い。一方、「起業してどんな小さな会社でも挑戦して、社会を変えようとする人間が尊ばれるアメリカ流の考え方」が浸透しつつある今、志のある女性にとっては起業することで新しい生き方が拓ける可能性も秘めている。

　どのコースもメリットとデメリットがある。日本において、職場がワークライフバランスを保ち仕事と家庭が無理なく両立できる人は、まだほんの一握りであろう。ならば、一生働くためにはペース配分をコントロールする戦略が必要になってくる。人生は短距離走とは違い、自分だけが無理を重ねて完走できるものではない。マラソン選手のように、ペース配分が必要なのである。ときにはぐっとこらえてペースを落とした方が途中リタイアしないで完走できるであろう。みなさんも、人生の各ライフステージにおいて、仕事、家庭、子育ての一つを優先し、他のペースを落とす必要性に迫られることがあるだろう。そして、状況が変わったら、力の配分を見直す。それを繰り返すことが、両立を継続できる鍵である。女性として生まれたからには仕事か家庭かの二者択一ではなく、両立をめざしてみよう。

　平均寿命86歳まで道のりは想像以上に長い。自分の理想を把握すると、その理想を目指すためには何を選択すべきかがわかってくるはずだ。誰でも、自分の人生は自分で選択して決めたいと思っている。例え状況が手に負えないと思えても、自分の力を信じることで状況を好転させることができるのである。運命や偶然に流されるのは楽であるかもしれないが、「選択」は「今日の自分」を「明日なりたい自分」に変えてくれる唯一の手段である。情報を味方につけてベストな「選択」をして理想の人生を歩まれることを希望する。

［注］
1)　日本経済新聞電子版　2011年10月3日

索　引

◆あ行

悪質商法　137
アルバイト　34
育児・介護休業法　6
育児休暇　17
育児休業　103, 104, 106, 107
育児休業給付金　104
一般職　8, 22, 29, 32, 59, 70
インカムゲイン　128
『Very』（ヴェリー）　67, 68
M字曲線　5, 16

◆か行

介護認定　125
介護保険　125, 140, 143
改正育児介護休業法　6, 21, 105
改正雇用対策法　7, 46, 51
元金均等返済方式　132
完結出生児数　12, 81, 82
元利均等返済方式　132
基礎体温　97
キャピタルゲイン　128
共済組合　142
共済年金　26, 40, 41, 142
きららマーク　27
クーリング・オフ制度　139
クォータ制　23, 24
契約社員　33, 34, 35, 37, 42
健康保険　39, 48, 140, 141
健康保険改革　26
顕微授精　100
後期高齢者医療制度　142
合計特殊出生率　12, 19, 77, 80, 81, 82

厚生年金　26, 40, 41, 48, 50, 140, 142
高度不妊治療（ART）　100
コース別雇用管理制度　22, 29, 30, 33
国民健康保険　142
国民年金　26, 40, 48, 51, 142
固定金利　132
雇用保険　37, 39, 140
婚外子　76

◆さ行

財形貯蓄制度　148
授かり婚　74, 76
3歳児神話　111, 114
35歳の壁　4, 7
CSR（企業の社会的責任）　27
事業所内託児所　109
事業内託児所　25
次世代育成支援対策推進法　6
次世代認定マーク（くるみん）　28
時短勤務（cf. 短時間勤務制度）　21, 152
児童虐待　114
社内預金制度　148
就業率　20
終身雇用　4, 15, 120, 150
出向社員　33, 34
出産育児一時金　121
出産休業　102, 103
出産手当金　103, 104, 122
准総合職　29
障害年金　142
消費者金融　136
嘱託社員　33, 34, 35
女性活躍推進法成立　7

人工受精　　100
新専業主婦志向　　60, 66, 69
新待機児童ゼロ作戦　　108
スタンダード＆プアーズ　　129
正規労働　　33
生産年齢人口　　13
正社員　　34, 37, 38, 41
正社員への転換制度　　36, 37
生命保険　　144
総合職　　8, 22, 29, 30, 32, 70
損害保険　　144

◆た行
体外受精　　100
待機児童　　21, 25
第3号被保険者　　4, 26, 40, 41, 143
ダイバーシティー（多様性）　　14, 150
タイミング療法（不妊治療）　　100
代理出産　　102
多重債務　　137
短時間勤務制度　　103, 105, 106
男女格差（ジェンダーギャップ）　　20
男女雇用機会均等法　　6, 22, 30, 107
担保　　131
単利　　125
地域限定総合職　　29
投資信託　　129

◆な行
日本製品のガラパゴス化　　14
認可外保育施設　　22, 25, 108
妊活　　95
認可保育所　　22, 25, 108
妊娠教育　　96
認定こども園　　109

ネグレクト　　114
年金制度改革　　26
年功序列　　4, 15, 150

◆は行
パートタイム労働　　4, 8, 46, 48, 51, 76
パートタイム労働者　　9, 15, 32, 33, 34, 37, 38, 39, 40, 41, 42, 44, 45
配偶者控除　　25, 48
派遣労働　　51
派遣労働者　　9, 32, 33, 34, 35, 36, 41, 42, 43
パックス　　76, 90
パパ・ママ育休プラス　　105
母親剥奪理論　　111
晩婚化　　55, 82, 91
非正規労働　　33, 45
非嫡出子　　77, 78
非労働力人口　　20
ファミリーフレンドリー企業　　28
複利　　127
不妊　　99
不妊治療　　96, 99
プラチナくるみん認定　　28
フルタイムパートタイム労働者（疑似パートタイム労働者）　　35
変動金利　　132

◆ま行
マズローの欲求階層説　　9
未婚化　　55, 57, 58
無認可保育所　　109

◆や行
ヤミ金融　　137
幼稚園の預かり保育　　109

◆ら行

リーマンショック　13, 15, 120
リフレッシュ保育　116
リボルビング方式　133
臨時的雇用者　33, 34
労働者派遣法改正　36
労働保険　142

労働力人口　15, 20
労働力率　20
老齢年金　124, 142

◆わ行

ワークライフバランス　24, 25, 27, 110

■著者紹介

田和　真希　（たわ　まき）

　　1962 年　大阪府生まれ
　　1996 年　京都大学大学院法学研究科政治学専攻修士課程修了
　　1997 年から武庫川女子大学文学部で非常勤講師
　　専門分野　国際政治・キャリアプラン・英語
　　ファイナンシャルプランナー

女性のためのライフプランニング　第 2 版

2012 年 4 月 30 日　初　版第 1 刷発行
2016 年 4 月 30 日　第 2 版第 1 刷発行

■著　者────田和真希
■発 行 者────佐藤　守
■発 行 所────株式会社 大学教育出版
　　　　　　　　〒700-0953　岡山市南区西市 855-4
　　　　　　　　電話（086）244-1268　FAX（086）246-0294
■印刷製本────モリモト印刷㈱

Ⓒ Maki Tawa 2016, Printed in Japan
検印省略　　落丁・乱丁本はお取り替えいたします。
本書のコピー・スキャン・デジタル化等の無断複製は著作権法上での例外を除き禁じられています。本書を代行業者等の第三者に依頼してスキャンやデジタル化することは、たとえ個人や家庭内での利用でも著作権法違反です。
ISBN978-4-86429-392-1